中华经典现代解读丛书

CONG SANZIJING KAN ZHONGGUO QIMENG JIAOYU

从《三字经》 看中国启蒙教育

顾　易 ◎ 著

暨南大学出版社
JINAN UNIVERSITY PRESS

中国 · 广州

图书在版编目（CIP）数据

从《三字经》看中国启蒙教育 / 顾易著. — 广州：暨南大学
出版社，2020.5
（中华经典现代解读丛书）
ISBN 978-7-5668-2879-8

Ⅰ.①从… Ⅱ.①顾… Ⅲ.①古汉语—启蒙读物 Ⅳ.①H194.1

中国版本图书馆CIP数据核字（2020）第 048841 号

从《三字经》看中国启蒙教育
CONG SANZIJING KAN ZHONGGUO QIMENG JIAOYU
著　者：顾　易

出 版 人：张晋升
丛书策划：徐义雄
责任编辑：雷晓琪
责任校对：刘舜怡　陈皓琳
责任印制：汤慧君　周一丹

出版发行：暨南大学出版社（510630）
电　　话：总编室（8620）85221601
　　　　　营销部（8620）85225284　85228291　85228292（邮购）
传　　真：（8620）85221583（办公室）　85223774（营销部）
网　　址：http://www.jnupress.com
排　　版：书窗设计
印　　刷：广东广州日报传媒股份有限公司印务分公司
开　　本：850 mm×1168 mm　1/32
印　　张：4.5
字　　数：75 千
版　　次：2020 年 5 月第 1 版
印　　次：2020 年 5 月第 1 次
定　　价：30.00 元

总　序

　　中华优秀传统文化历史悠久，博大精深，魅力无穷，是中华民族的"根"、中华民族的"魂"，是中华文化自信的源头、活水，也是中华民族的精神力量、文化力量和道德力量。而中华经典是中华优秀传统文化的精华与精髓，蕴含着中华优秀传统文化的精神内核、价值取向、道德标识和文化内涵，读懂弄通经典可以启迪人们的思想，让人们增长智慧、升华境界、受益终身。《易经》《论语》《大学》《中庸》《颜氏家训》等书，我过去虽然也读过，但随着人生阅历的增长，又有新的感悟，这就是经典的魅力之所在，让人温故知新，常读常新。现在，我带着思考去读，广泛地涉猎各种版本，进行比较、审问，加以新的概括，收获就更大了。

然而，经典毕竟是几千年前的产物，随着时代的进步，有的内涵发生了变化，就要赋予经典新的内涵并加以丰富和发展，这就需要对其进行"现代解读"。这个"现代解读"，就是习近平总书记指出的进行"创造性转化、创新性发展"，具体来说：一是要"不忘本来"，不忘中华优秀传统文化的根源，珍惜、保护和弘扬中华优秀传统文化，维护其根脉，注入时代精神，使其焕发生机和活力；二是要"吸收外来"，以开放的心态，接纳世界优秀的文化，既不妄自菲薄，也不夜郎自大，取长补短，博采众长，借鉴人类共同的文明成果，展现其强大的生命力和独特的魅力；三是要"面向未来"，着眼于造福子孙万代和永续发展，着眼于中华民族的伟大复兴，为未来的发展夯实根基，提供不竭的精神动力和力量源泉。正是基于以上的认识，从几年前开始，我就着手进行"中华经典现代解读丛书"的写作，至今完成了八本，以后还计划再写若干本。

解读中华经典的书籍可以说是汗牛充栋，数不胜数，但大多为分段的解释、考证。此丛书有别于其他经典解读读物的地方在于：一是紧扣中华优秀传统文化的精神标识、道德标识和文化标识。我认为这三个标识集中体现为："天下为公"的社会理想、"天人合一"的生存智慧、"民为邦本"的为政之道、"民富国强"的奋斗目标、"公平正义"的社会法则、"和谐共生"的相处之道、"自强不息"的奋斗精神、"精忠报国"的爱国情怀、"革故鼎新"的创新意识、"中庸之道"的行为方式、"经世致用"的处世方法、"居安思危"的忧患意识、"威武不屈"的民族气节、"唯物辩证"的思维方式、"仁者爱人"的道德良心、"孝老爱亲"的家庭伦理、"敬业求精"的职业操守、"谦和好礼"的君子风度、"包容会通"的宽广胸怀、"诗书礼乐"的情感表达。这些精神和思想，跨越时空，超越国度，富有永恒魅力，仍然具有当代价值，为此，我在写作时不会面面俱到，而是集中于某一个侧面，选择一个主题进行解读。二是观照当下，结合当前的现实生活，以古鉴今，增强针对性，指导生活，学以致用，活学活用。三是力求通俗易懂，经典大多比较深奥难懂，为此，必须用现代的话语进行讲解，用讲故事的方法来阐述道理。

　　"中华经典现代解读丛书"的写作，让我重温经典，对我来说是一次再认知、再感悟、再提高的过程，我不仅增长了知识，更为重要的是修炼了心灵，虽然写作的过程很辛劳，但又乐在其中。由于本人能力、水平所限，本丛书一定存在一些缺陷和不足，期待得到读者的指正。

是为序。

作者于广州

2019年10月8日

目　录

引　言

我们评价一个国家是否进入发达阶级，从视野上看，是从基础设施去判断的，如高速公路、高速铁路、摩天大楼、跨海大桥等；从指标上看，有国内生产总值、人均国民年收入、科技创新能力、人均寿命、工业化水平等。但这些都是表层的，从更深层次看，如下三个方面更有意义：

一是对弱者的关怀。评价一个国家的文明程度，判断标准不是强者的高度，而是弱者的地位。对弱者的关怀，不但体现了社会生产力的发展水平和社会保障体系的完善，还体现了人文精神的升华和道德的温度。

二是对细节的关注。细节不但体现了一个社会的精致程度，还体现了人性化的关怀，是生活品位高低的标志。

三是对未来的投入。对未来的投入体现了一个国家有能力满足当下的需要，又能着眼于未来，把教育、科技、环保等作为战略重点，加大投入的力度。虽然这种投入不是立竿见影的，但关系着子孙后代的素质和社会的持续发展，是更长远的战略性投入。

从以上三个方面看，中国仍然是发展中国家，但我们对教育的战略意义的认识越来越深入，投入越来越多，改革创新的步伐也迈得越来越大。

2013年9月25日，习近平总书记在联合国"教育第一"全球倡议行动一周年纪念活动上发表的视频贺词指出："教育是人类传承文明和知识、培养年轻一代、创造美好生活的根本途径。"教育决定着人类的今天，也决定着人类的未来。教育的传承和创造性、历史性、服务性，是构成教育本质属性的基本要素。人类社会需要通过教育不断培养社会需要的人才，需要通过教育来传授已知、更新旧知、开掘新知、探索未知，从而使人们能够更好认识世界和改造世界，更好创造人类的美好未来。习近平总书记以其全局视野和战略眼光，深刻揭示了教育规律，准确概括了教育的本质属性。教育不但关系个人、家庭的发展，更关系国家和民族的未来。

教育从领域看，可以分为家庭教育、学校教育、社会教育；从功能看，可以分为启蒙教育、成长教育、成才教育。其中，启蒙教育在人生教育中起着基础性、决定性的作用。

自古以来，中华民族高度重视启蒙教育，重视儿童教育及教材的编写，《三字经》是古代启蒙书中影响较大的一部，普及面广，知名度高，可以说家喻户晓、妇孺皆知。古人称它是"袖里通鉴纲目""千字奇书"。《三字经》既是文化普及的通俗读物，又是一本具有很高价值的启蒙教育读本，不但儿童应当熟读，也值得广大家长和教师认真学习、细心体悟。

让我们共读《三字经》，领悟中国启蒙教育之道。

第一讲　启蒙教育是儿童成长成才的基石

　　这一讲主要回答中国启蒙教育的发展历程，即什么是启蒙教育以及启蒙教育的当代意义。

一、中国启蒙教育源远流长

　　我国古代历来关心儿童的启蒙教育，早在殷、周时期，就已经为贵族子弟设立了小学。春秋战国时期，随着私学的产生，民间也开始出现对儿童进行启蒙教育的机构。汉代时，这种机构已渐趋成熟，称作"书馆"或"书院"，至今仍有大量的"书院"遗存，教师则被称为"夫子""先生""书师"等。

　　宋元时期，是我国古代蒙学发展的一个重要阶段，不仅在数量上得到了进一步的增加，而且在教育内容、方法以及教材等方面，都形成了自己的特色，对后来明清时期的蒙学教育产生了重要影响。宋代的统治者重视蒙学教育，在中央和地方设立了许多小学，既有民间办的私学，也有政府办的官学。

　　古代的蒙学课堂到底是什么样的呢？宋代的《京兆府小学规》记载："教授每日讲说经书三两纸，授诸生所诵经书、文句、音义，题所学字样，出所课诗赋题目，撰所对诗句，择所记故事。"蒙学课堂学些什么呢？宋代的朱熹在《大学章句序》中说：

> 人生八岁，则自王公以下，至于庶人之子弟，皆入小学，而教之以洒扫、应对、进退之节，礼、乐、射、御、书、数之文；及其十有五年，则自天子之元子、众子，以至公、卿、大夫、元士之适子，与凡民之俊秀，皆入大学，而教之以穷理、正心、修己、治人之道。

为适应启蒙教育的需要，出现了许多优秀的启蒙读物，其中典型的有《三字经》《百家姓》《千字文》《千家诗》《弟子规》等。但是，中国古代的启蒙教育是贵族教育，一般家庭的孩子都无法接受正规的启蒙教育。

中华人民共和国成立后，我国的教育制度逐渐完善，学前班、幼儿园等正规的启蒙教育成为我国教育制度中不可或缺的部分。改革开放后，尤其是近些年来，启蒙教育越来越受到家长和社会的重视，许多家长不希望孩子输在起跑线上，不惜在启蒙教育上花重金。国家也重视低龄儿童的教育，已经建立了完善的教育体系。启蒙教育走上科学化、规范化的轨道，遵循了儿童生理和心理的发展规律，出现了知识教育、道德教育、艺术教育、生命教育等内容。儿童的德、智、体一代比一代强，这也是我们国家和民族的希望之所在。

二、《易经》最早阐述了启蒙教育之道

"启蒙"古人叫"发蒙"，即开发儿童的德商、智商、情商等，使之明白事理。启蒙教育的对象一般指儿童，在现代，即0～18岁的未成年人。启蒙教育是一个人成长教育的基础，俗话说，"三岁看大，七岁看老"，良好的开端等于成功的一半。启蒙教育的内容主要是常识，启蒙之目的则是培养儿童良好的品性，训练儿童的记忆力，锻炼其思维能力和想象力，并使儿童养成良好的行为习惯等，以促进儿童德、智、体、美、劳的全面发展，让儿童学会做人、学会学习、学会生活。启蒙教育最高的境界，不仅是传授知识、技能，还应该是培养独立的人格和自由的思想，使之具有独立思考的能力、明辨是非的能力、创新创造的能力，从而实现心智的启蒙、道德的启蒙和文化的启蒙。

对于什么是启蒙教育及如何进行启蒙教育，《易经》最早作了科学的回答和系统的阐述。《易经》第四卦"蒙"卦全面阐述了启蒙教育之道。"蒙"，在古代

是指一种草名，《说文解字》中，"蒙，从艸，冢声"，而"冢，覆也"表示覆盖。因此"蒙"从草、从冢，本义是被土覆盖，引申为萌发、蒙昧、幼稚、蒙蔽。蒙昧就是一种处于未开化的状态。旧时称蒙昧幼稚的儿童为"蒙幼"，将对儿童进行启蒙教育的地方称为"蒙馆"，儿童启蒙之学称为"蒙学"。

蒙卦的卦画为☷，"蒙"卦的上卦为"艮"，为山；下卦为"坎"，为泉。山水"蒙"卦，就是山下出泉的意象。泉水始流出山，则必将渐汇成江河，正如蒙稚渐启，又山下有险，因为有险停止不前，所以蒙昧不明。事物发展的初始阶段，必然蒙昧。

《象》曰："山下出泉。蒙：君子以果行育德。"意思是：山下流出清泉，这是蒙卦的意象。君子效法此卦，果断行事，培养品德。山上流出的泉水是清澈的，故启蒙教育就是培养孩童纯正无邪的品质，是造就君子的成功之路。启蒙教育是改变人的命运的神圣功德，要使教化流行，必须以言必行、行必果的嘉行立德树人，培养童蒙返璞归真、天真纯朴的良好品德。

"蒙"卦阐述了古老而朴素的教育思路，并在如下几个方面阐述了启蒙教育的意义、内容和方法：

（一）启蒙教育的宗旨是去除蒙昧

"蒙"字上部的草字头，具有草木荒芜的意象，寓意人的内心迷茫、无知，如同杂草丛生，有待清理、修剪、培育。"蒙"卦六四爻曰："困蒙，吝。"意谓陷于蒙昧无知的人，深深被愚昧所困扰，远离了接受教育的条件，故处境艰难。比如说，无知、守旧、保守、退却，不敢冒险、不敢探索或开辟新的发展领域，只求保持现状，等等。这样消极被动的状态，是非常不利的，所以说"吝"。

人类的蒙昧首先表现为对自然规律的无知，这种无知在当代则表现为"科盲"。在现代科学技术高速发展的今天，我们仍有许多未知的领域。我们只有不断学习、探索才能加深认识，把握运用各种科学规律。除此之外，更多的蒙昧表现为品德的"不开化"，心灵蒙上了一层灰尘，如自私、阴险、奸诈、欺骗、妒忌等，学界把这些称为"德商/情商的缺陷"。启蒙教育最为重要的是洗涤人们的心灵，培养优良的品格，即启蒙教育首先是健全人格的教育。然后，启蒙教育又是培养人们科学思维方式的教育，既培养人的逻辑思维，又培养辩证思维，使人们不但有知识，而且有智慧。

（二）启蒙教育要从家庭开始

"蒙"卦的六五爻中说："童蒙，吉。"孩童正处于人生的初期阶段，其身心发展如一张白纸，有待开发。孩童阶段的教育是当务之急，培养儿童纯正无邪的品质，是非常重要的启蒙起点。"蒙"与"家"字的下部是一样的，它象征着启蒙从家庭开始。启蒙教育，首先应是家长的责任，应该从家长做起。家长是孩子的第一任教师。有什么样的家长，就有什么样的孩子。

在这里，我们先看古代名人的家庭教育：

南宋著名词人辛弃疾是一位能征善战的大英雄，也是一个善于教子的父亲，他曾经写了一首《最高楼·吾衰矣》斥骂他的儿子，至今广为传诵：

吾衰矣，须富贵何时？富贵是危机。暂忘设醴抽身去，未曾得米弃官归。穆先生，陶县令，是吾师。 待葺个园儿名"佚老"，更作个亭儿名"亦好"，闲饮酒，醉吟诗。千年田换八百主，一人口插几张匙？便休休，更说甚，是和非！

这首词前有小序"吾拟乞归，犬子以田产未置止我，赋此骂之"，点明了填词目的。此词作于1194年，当时年近花甲的辛弃疾打算辞官，但是儿子反对，理由是父亲此时官位不够高，积蓄不足以购置田产，于是辛弃疾便写了这首词。词中既有对儿子阻挠的愤怒之情，又苦口婆心教育儿子，说自己年老力衰，功名富贵又待何时？何况功名富贵处处隐伏着危机。穆生因楚王稍懈礼仪便抽身辞去，陶渊明尚未得享俸禄就弃官而归。穆先生、陶县令那样明达的人都是自己十分崇敬的老师。一块田地千年之中要换八百个庄主，一人嘴里又能插上几个饭匙？退隐之后便一切作罢，何须再费口舌说什么是非得失。儿子幡然悔悟，接受了父亲的劝告。

再看现代名人的家庭教育：

梳理中国近现代史，可发现钱氏家族人才可谓"井喷"，钱家大约是院士最多的家族，仅无锡钱家便出了近10个院士和学部委员——中国科学院院士钱伟长、钱锺韩（钱锺书堂弟）、钱临照、钱令希、钱逸泰以及钱保功，中国工程院院士钱易（钱穆长女）、钱鸣高，中国科学院学部委员钱俊瑞。据说钱氏家族每有新生儿诞生，就要全家人一起恭读《钱氏家训》。钱学森的父亲钱均夫说："我们钱氏家族代代克勤克俭，对子孙要求极严，或许是受祖先家训的影响。"钱学森教子最重要的方法是培养孩子读书的兴趣和习惯。钱学森的儿子钱永刚回忆，有关读书的要义，他是从父母处观察来的。他说，父母做学问，持之以恒，不功利，不着急，讲求一点一点积累。钱永刚说，他那时候读书，一切都凭自己的兴趣。小学二年级天天抱着大部头的书看。《十万个为什么》刚出版时的那个暑假，父亲让永刚一天看70页，不明白的问题先攒着，等他有空时再问他。父亲从未如此明确地对他读书提过要求，这是个例外。钱永刚也很重视，因为毕竟不是读小说，要完全看懂还真不容易。到周末，父亲问他有什么问题，钱永刚赶紧把做了标记的问题提出来，父亲帮忙解答。钱学森夫妇非常优秀，但对孩子的成绩从不苛求。钱永刚小时候的成绩并不理想，那时是5分制，他总有几个4分。但父母看了，只是笑笑，从来不说什么"你再努把力，考个满分"之类的话。他们认为丢个一分半分很正常，硬让孩子拼出满分来太累，也没有必要。钱永刚上初一那年，班主任把他叫到办公室，问他："你看看你的成绩单有什么问题吗？"永刚看了半天没看出问题，老师说，这就是你的问题，对自己要求不高，像你这样的家庭，应该消灭4分，全拿5分。吃晚饭的时候，钱永刚跟父亲说起这事，父亲听完，呵呵一乐，走了。那年期末考试，钱永刚果真全拿5分，他想这次一定会得到父亲的表扬。谁知父亲看后笑道："以前也不错的。"在钱永刚眼里，父母讲话做事都很有分寸，喜怒不形于色，达到了"不以物喜，不以己悲"的境界。他回忆说，毛主席、周总理经常把父亲叫去，对他的工作予以肯定。这在很多人看来是天大的事，父亲却从不向外人提起。母亲非常有教养，遇到再高兴的事，她都不会哈哈大笑，碰到再大的麻烦，也只是轻描淡写地说一下，从不会絮絮叨叨个不停。父母这种行事的方式，直接影响了钱永刚的处世为人之道：做行动的巨人，说话的矮子。可见，有时候父母的一个行动比一千遍说教更有力量。

（三）启蒙教育的根本任务是立德树人，培养堂堂正正的人

蒙卦的"象辞"说："蒙以养正，圣功也。"意思是说，启蒙之道在于养正，养正就是正心，培养端正的品行，养浩然之正气，走康庄的正道。这是一件非常伟大的功德事业。按蒙卦的要求，只要符合天道、地道、人道的东西就是"正"，教育孩子首先要教他"正"，这样的话，一辈子都受用，将来就不会走上邪道。《象》曰："君子以果行育德。"立志成为君子的人，年轻时就应"果行育德"，因此启蒙的核心是用高尚的道德除去人们心灵上的"杂草"，那么，这"杂草"又该如何除去呢？

我们知道，在富有养分的土地上，杂草总是最难除去的，即使将它们连根拔除，甚至以火焚烧，也会"春风吹又生"。去除杂草最好的办法，便是在土地上种庄稼。土地上种了庄稼就得精心翻耕，杂草和草籽就会被除去；土地有了庄稼，就得细心呵护，杂草也就没了生活空间。当庄稼成熟时，更能有所收获，一举两得！启蒙之道，也是这个道理——去除人们心灵"杂草"最好的途径，便是在人的心田种下优良的"种子"，让它萌发出德、智之美，生长知识与智慧。下面，我们一起来了解"陶母退鱼"的故事：

东晋名将陶侃少年丧父，家境清贫，与母亲湛氏相依为命。湛氏是一位非常贤惠又深明大义的女性。她立志要使儿子出人头地，非常注重对他端正人格的培养。

陶侃年轻时当过浔阳县的小吏，专门监管鱼坝。有一次，他利用职务之便，弄到一坛腌好的咸鱼，让人捎给了母亲。没料到陶母见后，立即封好咸鱼，令差役原物送回，并写了一封信责备陶侃说："你作为一个官吏，却拿公家的东西给我，不仅不能给我带来好处，反而增加了我的忧虑啊！"陶侃读毕母亲来信，愧悔交加，无地自容。自此以后，严母训导铭刻在心。其后为官四十年，清廉正直，忠于职守，始终如一。后官至征西大将军、荆江州刺史、八州都督等职，成为东晋初期的名臣之一。

陶母退鱼，足以说明陶侃的母亲深明大义。陶侃的母亲深知，要让儿子养成良好的行为习惯和道德品质，必须对陶侃严格要求，教育他学会去除贪念、洁身自好。陶母严格要求自己，以身作则，她用实际行动告诫儿子如何做人，如何做官，如何做一个有道德、有能力的济世人才。

（四）启蒙教育的基本原则，是以学生为本，激发学生的求知兴趣和求知欲望

蒙卦的卦辞说："匪我求童蒙，童蒙求我，志应也。"教育不是强逼蒙昧无知的孩子来学习，而是让孩子主动接受。教育者和被教育者应心灵相通，志向相应。应该遵循快乐学习的原则，不要让孩子对学习产生负担、负累、苦役之感。现在，许多家长"望子成龙，望女成凤"，强逼孩子学习各种项目，孩子不堪重负。这完全不符合孩子的天性，要让童蒙在游戏中学，在快乐中学，培养其主动接受教育的心态。

（五）蒙卦指出了启蒙教育的基本方法是立规矩

"初六，发蒙，利用刑人，用说桎梏。以往吝。"《象》曰："利用刑人，以正法也。""刑"通"型"，也就是树立规范、典范，让孩子学有榜样，效法着去做。"用说桎梏"，"说"通"脱"，"桎梏"是脚镣和手铐。"用说桎梏"一方面是指要告诉孩子遵纪守法，不要触犯刑律，以免自己被戴上脚镣手铐；另一方面，指出启蒙教育要矫正孩子的思维，摆脱各种束缚。这就是说，教育孩子既要告诉他一些规范、道德底线，使他养成良好的行为习惯；同时又不能限制太多，要让孩子发挥他的想象力、创造力，不要束缚他。"上九，击蒙，不利为寇，利御寇。"这一爻，既强调"击蒙"，即敲打他，用严厉的方式来进行启蒙教育；但又不能过于暴烈，要采取刚中带柔的方式，要注意预防教育，"御"为防御，意指只要培养纯正的品德，就可以抵御外界的侵袭。

三、启蒙教育是"育新人"的基础工程

梁启超先生的《少年中国说》，非常精辟地指出了启蒙教育的重要性，他说：

少年智则国智，少年富则国富；少年强则国强，少年独立则国独立；少年自由则国自由，少年进步则国进步；少年胜于欧洲则国胜于欧洲，少年雄于地球则国雄于地球。红日初升，其道大光。河出伏流，一泻汪洋。潜龙腾渊，鳞爪飞扬。乳虎啸谷，百兽震惶。鹰隼①试翼，风尘吸张。奇花初胎，矞矞皇皇②。干将发硎③，有作其芒。天戴其苍，地履其黄。纵有千古，横有八荒。前途似海，来日方长。美哉我少年中国，与天不老！壮哉我中国少年，与国无疆！

①隼：食肉类猛禽。
②矞皇：指辉煌、光辉。
③硎：指磨制。

这段话的意思是，少年聪明则国家文明，少年富裕则国家富裕；少年强大则国家强大，少年独立则国家独立；少年自由则国家自由，少年进步则国家进步；少年胜过欧洲，则国家胜过欧洲，少年称雄于世界，则国家称雄于世界。红日刚刚升起，道路充满霞光；黄河从地下冒出来，汹涌奔泻浩浩荡荡；潜龙从深渊中腾跃而起，它的鳞爪舞动飞扬；小老虎在山谷吼叫，所有的野兽都惊慌害怕，雄鹰隼鸟振翅欲飞，风和尘土高卷飞扬；奇花刚开始孕起蓓蕾，灿烂明丽茂盛茁壮；干将剑新磨，闪射出光芒。头顶苍天，脚踏大地，从纵的时间看有悠久的历史，从横的空间看有辽阔的疆域。前途像海一般宽广，未来的日子无限远长。美丽啊我的少年中国，将与天地共存不老！雄壮啊我的中国少年，将与祖国万寿无疆！

梁启超认为，启蒙教育不仅是个人的事、家庭的事，也是国家繁荣富强、民族复兴的大事。启蒙教育关系国民素质的全面提高和社会文明程度的全面提升。一个社会归根到底是由人组成的，假如大多数人比较文明的话，这个社会当然就是一个比较文明的社会。因此要改善一个社会，当然要从改善人开始。人是最根本的。

教育就是把一个自然的人变成社会的人，把原始的人变成文明的人。简单地来讲，教育就是要培养一个文明的人。一百年以前，梁启超在《论近世国民竞争之大势及中国前途》中指出一个道理："今日世界之竞争，国民之竞争也。"这篇文章的意思也是说那个时代中国人都痛感自己贫弱，痛感自己被人欺负，但是问题出在什么地方？梁启超认为这个问题的答案不在于中国比不上别国船坚炮利，而在于国民素质，有什么样的国民就有什么样的国家。他还说："国之见重于人也，亦不视其国土之大小，人口之众寡，而视其国民之品格。"

今天我们深深地体会到，一个国家，能否受到别的国家的尊重，不在于你的疆土有多大，也不在于你有多少钱，而是要视国民之品格、国民之素质。只有国民具有爱国、敬业、诚信、勇敢等品德，有丰富的学识和创新精神，才不会受到任何国家的欺负。而全民素质的提高，最基础、最根本的是从儿童教育开始。这正如建一座大厦，儿童教育是打地基的工程，地基不牢，地动山摇。提高全民的品德和学识，必须从小抓起，从启蒙教育做起。

第二讲　中国启蒙教育的经典

清代末年有本著名小说叫《老残游记》，在第七回中写到有位书店老板介绍起当时儿童启蒙读物的畅销情况时说：

……所有方圆二三百里，学堂里用的《三》《百》《千》《千》都是在小号里贩得去的，一年要销上万本呢。

那时候上万本的销量，放在今天也不算少了。可见当时人们对孩子早教的重视，一点也不逊于今天。而这段话里提到的《三》，便是被誉为"蒙学之冠"的《三字经》。我们今天孩子上学要学语文、数学、历史、物理、化学、思想品德等科目，学科分得很细，很专业，各个学科都是独立的。但一千多字的《三字经》，在古代则扮演了思想品德、语文、历史、科学等几门科目的课本角色，可以说是包罗万象了。有人因此称它是为古代小孩子编写的"小型百科全书"，真是一点也不为过。

这样一部小册子，因为它语言通俗、篇幅短小、朗朗上口，问世700多年来一直是家长和私塾老师首选的启蒙教材，并且还被译为蒙文、满文，为我国各民族所使用，甚至很早就传到了日本、朝鲜、俄罗斯以及西欧和北美等国家和地区。作为古代最为流行的启蒙教材，《三字经》的亮点在于其形式的独特和教育内容的多样性。通过朗朗上口的三字韵文，概括了古人所认为的儿童启蒙教育需要了解的伦理道德、文化、历史、天文地理等知识。民间有句话，"熟读三字经，可知千古事，通圣人礼"，这说明《三字经》里包含着关于做人的学问以及自然、社会的若干知识。孩子若能在很小的时候接触这些知识，可为进一步学习深造打下良好的基础。

一、《三字经》的作者及主要内容

《三字经》这样一部颇具影响力的蒙学读物，它的作者究竟是谁颇有争议，现在有南宋王应麟、南宋末年的区适子、明代的黎贞等几种说法；比较普遍的说法是南宋王应麟所作。

王应麟（1223—1296），字伯厚，号深宁居士，进士出身，是南宋著名的学者、教育家、政治家。他祖籍河南开封，后迁居浙江鄞县，历事南宋理宗、度宗、恭宗三朝，位至吏部尚书。王应麟博学多才，对经史子集、天文地理都有研究。南宋灭亡以后，他隐居乡里，闭门谢客，著书立说。明代著名诗人、王应麟的同乡黄润玉在《先贤赞》中称颂王应麟："春秋绝笔，瑞应在麟。宋诈讫录，瑞应在人，尼父泣麟，先生自泣。出匪其时，呼嗟何及。"

王应麟隐居二十载，所有著作，只写甲子不写年号，以示不向元朝称臣。他一生著作甚丰，有《困学纪闻》《玉海》《诗考》《诗地理考》《汉艺文志考证》《玉堂类稿》《深宁集》等六百多卷，但是知名度最高的反而是这部《三字经》。王应麟晚年为教育本族子弟读书，编写了一本融会中国文化精粹的"三字歌诀"。他是通古博今的大儒，举重若轻的大家手笔写出这部"三字歌诀"，自然是非同凡响。

现在较为通行的版本，是清朝王相（王晋升）的训诂本。王相是清朝康熙年间的学者，他训诂的是王应麟的原本。王应麟是南宋人，"三字歌诀"原本的历史部分只截至宋朝为止，所以王相训诂本的历史部分也只解到宋朝为止。随着历史的发展，各朝代都有人对《三字经》不断地加以补充，最著名的是清朝道光年间贺兴思增补的关于元、明、清三代的历史，共计二十四句话。中国的正史是二十四正史，辅以清史稿也不过二十五史，所以此版本《三字经》的历史部分也就到清朝为止了。

历史上的启蒙读物，能与《三字经》媲美的还有《千字文》，二者配合起来，可谓珠联璧合。《千字文》只有一千个字，《三字经》有一千一百多个字。《千字文》囿于有限之文字，文思不得舒展；而《三字经》就没有这个局限，所以能将中国的历史文化全部概括进来。一个人如果能够在幼年时将《三字经》读懂弄通，将受益终身。

《三字经》在中国古代蒙书教材中，不能不说是影响最大、最有代表性的书，堪称"蒙学之冠"。

二、《三字经》的主要内容

《三字经》全文虽然分为六个部分，但全篇内容连贯，自始至终突出了"教之道，贵以专"这一主题，六个部分均是围绕这一主题展开的，体现了作者完整一贯的教育思想。第一部分谈教育的意义和重要性，第二部分强调教育的内容和顺序，第三部分讲授基本的文化常识，第四部分介绍代表中国文化的重要经典和读书的次第，第五部分是中国通史纲要，第六部分谈勤奋刻苦是接受教育的基础，可见《三字经》是一部教育专著。

《三字经》六个部分的内容如下：

（1）从"人之初，性本善"到"人不学，不知义"，讲述的是教育和学习对儿童成长的重要性，后天教育要及时，教育方法要正确，才可以使儿童成为有用之才。

（2）从"为人子，方少时"至"首孝悌，次见闻"，强调儿童要懂礼仪、孝敬父母、尊敬兄长，并举了黄香和孔融的例子。古人看到了道德教育在孩子启蒙时期的重要性，这一点是十分高明的。孩子能够以高尚人格为根本，继而进行学问的研习，这样学问才能转化为"正能量"。

（3）从"知某数，识某文"到"此十义，人所同"，介绍的是生活中的一些名物常识及处世规则，有数字、三才、三光、三纲、四时、四方、五行、五常、六谷、六畜、七情、八音、九族、十义，方方面面，一应俱全，且简单明了。

（4）从"凡训蒙，须讲究"到"文中子，及老庄"，介绍古人重要的经典著作，以及读书的次第。所列书籍包括四书、六经、三易、四诗、三传、五子，以儒家典籍为主，旁涉诸子。当然，我国古代瑰丽的古籍并不只是这些，比如古人文藻和意蕴瑰丽无双的诗文著作就蔚为大观，但《三字经》并没有涉及多少，只列出了普及性、大众化的著作。

（5）从"经子通，读诸史"到"通古今，若亲目"，简单几句就将我国从传说中的三皇五帝时期到清代的朝代演变梳理一番，可以让孩子对我国历史时期有个大致的了解。

（6）从"口而诵，心而惟"到"戒之哉，宜勉力"，又回到开头的主体，重新强调勤奋学习对于一个人成长的重要性。只有从小孜孜不倦地进行道德养成和学问修习，才能成就自己并对社会做出贡献，从而"上致君，下泽民"。

归结起来，这本小册子的内容可以概括为"知人伦、识名物、知国史、勤学习"四个方面，其中有些内容对今天的读者来说虽然有些时间上的距离感，但是这部小书伴随着中国人几百年来的启蒙教育，为有志读书的孩子打开一扇窗子，让孩子能够领会中华传统道德、悠久历史和基本常识，有一定的社会意义。而其中关于"勤学"和"仁孝"的思想，对于今天的启蒙教育来说也并不过时。

时下，有人把《三字经》当作国学经典来读，这是一种误读。相较于博大精深的中华典籍来说，《三字经》无论从思想内涵，还是从艺术水平来讲都存在一定的差距。明代学者吕坤认为《三字经》是用来作为学童识字阶段的读物的，他说："初入学者，八岁以下者，先读《三字经》以习见闻。"《三字经》可以作为学习国学的入门读物。而《易经》《春秋》《大学》《论语》《孟子》《中庸》《诗经》《尚书》《礼记》才是国学经典，其中任何一部就内容和意蕴来说都更加丰富和深远。学习《三字经》是为了解"十三经"等真正经典做好铺垫，不可将它等同于国学经典。

三、《三字经》回答了启蒙教育的基本要义

古往今来，中国无数儿童都是从《三字经》开始他们的求学生涯的。《三字经》用通俗的语言、凝练的方式，把中华优秀精神、传统美德、中华文化常识汇聚其中，思想性、知识性、趣味性都很强。特别是对于广大的教育工作者、家长来说，《三字经》所蕴含的中国启蒙教育的理念、原则、内容和方法，在今天仍然有积极意义。

《三字经》开篇说：

人之初，性本善，性相近，习相远。

苟不教，性乃迁，教之道，贵以专。

昔孟母，择邻处，子不学，断机杼。

窦燕山，有义方，教五子，名俱扬。

养不教，父之过，教不严，师之惰。

子不学，非所宜，幼不学，老何为？

这段话是全书的总纲，概括性地指出启蒙教育的目标、责任和途径。

（一）《三字经》强调启蒙教育要把培养儿童善良的本性作为基点

启蒙教育是养性、养正的事业，关系孩子健全人格的养成，关系孩子是向善发展还是向恶发展。《三字经》在这里强调的是人善良的本性，是"养正"的起点。

谈到人性，中国文化里面有三种学说，即"性善论""性恶论"与"性不善不恶论"。

　　孔子在《论语》中直接提到"善"字的次数不多，但通篇内容都涉及如何使人向"善"。他在《论语》中说："见善如不及，见不善如探汤。吾见其人矣，吾闻其语矣。"意思是说，看到善良的言行，就好像怕赶不上，而去努力追求；看到不善良的言行，就好像把手伸进沸水那样赶快避开。这样的人我见过，这样的话我也听过。孔子主张见善思及，主张付诸行动，走进现实生活中。《安士全书》有曰：

　　乐道人之善。道之云者，即扬之谓也。善言善行，人之所难。苟有一德，人即传播，则善者益进于善，此即"与人为善"之意也。是故善在圣贤，可以鼓励风俗。善在乡党，可以感化顽愚。其机全在揄扬赞叹，不没人善之心而已。

　　俗话说："好孩子是夸出来的。"宣扬人之善，可以使这个人更加上进，也能改变社会风尚，感化愚顽之人。
　　孟子对孔子"善"的思想加以发挥，是"性善论"的代表人物。孟子说：

人皆有不忍之心……无恻隐之心，非人也；无羞恶之心，非人也；无辞让之心，非人也；无是非之心，非人也。恻隐之心，仁之端也；羞恶之心，义之端也；辞让之心，礼之端也；是非之心，智之端也。人之有是四端也，犹其有四体也。

孟子把"四心"看成人的基本素养，并首推"仁"。仁者，善也。当今，被称为"善业"的大致有如下功德：与人为善，爱敬存心，成人之美，救人之急，兴建大利，舍财作福，尊师敬长，爱物惜命等。一个人只有常存善念，才能乐善不倦，以善为宝，从善如流。

孟子为什么说人有这四种心呢？因为这是天赋与人的本性，天道本是仁道，所以人的本性是善良的。如果没有这四种心，就"非人也"，既然不是人也就没有什么好说了。

提出"性恶论"的代表人物是荀子，《荀子》书中有"性恶"篇。他认为人性"生而有好利焉""生而有疾恶焉""生而有耳目之欲，有好声色焉"。小孩子生下来就会吃奶，两个小拳头攥得紧紧的。长大一点就会在和别的孩子一起玩时抢别人的东西，这些行为都不用教，天生就会。善良之性在哪里呢？不教育绝对没有善，所以说"人之性恶明矣，其善者伪也"。"伪"通"为"，指教育转化的意思，即后天环境和教化学习的结果。所谓"礼义者，圣人之所生也，人之所学而能，所事而成者也……可学而能，可事而成之在人者，谓之伪"。

与孟子同时代的还有一位告子，在《孟子》七篇文章中就有"告子篇"。告子认为，人之本性像一张白纸，无所谓善和恶，近朱者赤，近墨者黑。好像生丝一样，染苍则苍，染黄则黄，而生丝本身是没有颜色的；人性也是如此，可东可西，可善可恶。

人之性到底是善还是恶呢？人的本性是很复杂的，简单地用善恶去判断是不全面的。人之性应包含三个方面：

一是天性，天赋之性，是纯善无恶的，这就是孟子说的"性本善"。人本来就有善良的天性，看到别人受苦遭罪，我们心中不忍，这就是仁爱之心的初起。孟子举了个"孺子坠井"的例子，看到别人的孩子掉到井里，我们的第一意识是救人。这是为了受嘉奖吗？不是。你与这个孩子有亲属关系吗？没有。那么你为什么要这样去做呢？因为这是你仁慈的本能，是你善良的本性，这就是天赋之性。

二是人的生物属性，即邪恶。人类作为动物的一种，其生命体是由遗传基因控制的。现代遗传学给基因下的结论只有两个字"自私"，是"自私的基因"。其本质是无限制地占有一切资源，无休止地复制自己，无限地扩张，疯狂地复制，只有自己不顾他人。这就是基因的本质，也是一切生物的本质。从这一点来看，荀子的"性恶论"说得一点都不错。所以，有人说"人一半是天使，一半是魔鬼"。

三是习性，由后天的生活环境养成。善恶是共同存在于人的身上的。但经过教育和改造，善恶会相互消长。行为科学研究的结果表明，动物生活的周围环境和生活方式对动物的成长发育影响很大，有时候甚至是决定性的。动物园圈养的老虎，几代繁殖下来连活鸡都无法捕捉，再也当不了兽中王了。为什么？后天的生活环境变了，习性改变了。人类生活的环境、接受的教育、受到的感染，都会对人产生影响，形成人的习惯。习惯日久形成一种惯性势力，深植在大脑之中就是习性。

综合古人所说，人的"习性"，有优良的，也有低劣的。善的习性是向善而上，而劣的习性则是人的动物属性膨胀，发展下去就会遮蔽人的天性，所以说"苟不教，性乃迁"。

为此，《三字经》在启蒙教育中强调"苟不教，性乃迁"，即通过教化使人向善的方面、向好的方面发展。具体来说有以下三个方面：

首先是"化秉性"。即化掉人的劣根性。人的秉性古人也总结为"贪、嗔、痴、怒、恨、怨"，人的私欲一旦不能满足，秉性就发作，怒、恨、怨、恼、烦就来了，俗话说"江山易改，禀性难移"。人的秉性之根最深也最难拔除，因为它是人类始祖遗传而来的。人要修身养性，说到底就是化秉性。化秉性，就是克服与生俱来的人性弱点，走上善良的正道。

其次是"去劣性"。这是将后天习染养成的恶习和坏毛病去掉，人的恶习古人总结为"吃、喝、赌、嫖、抽"五毒，也叫"五鬼"。"五鬼"缠身会使人害己、害人、害家、害社会，人们必须戒掉恶习，改掉坏毛病。当然，劣根性还有很多种表现，社会上一些丑陋的行为，均可以列入"劣性"之列。

最后要"养天性"。天性是上天所赋的天德之性，天之德就是仁、义、礼、智、信五常之德。从小就强调"养天性"，能使孩子成长为一个至善、至德、至美的人。

《三字经》强调"天性"的内容很多，如尊敬师长，宽厚待人；勤劳节俭，清正廉洁；谨慎持身，悔过改错；爱国爱民，弘扬正气；立志勤学，发愤图强等。这些思想精神、道德情操仍然具有时代意义，是宝贵的精神财富，是在启蒙教育中要倡导的内容。

《三字经》倡导的儒家文化精神，通过蒙童的教育，在一定程度上规定了一个人在社会化过程中建立起来的内在价值取向与精神认同。

（二）《三字经》强调启蒙教育要趁早

《三字经》一开头就强调早教的重要性，它指出："子不学，非所宜，幼不学，老何为。"儿童教育一定要尽早，越早越好。早在南北朝时期，颜之推就在《颜氏家训》中提出要重视胎教。发展中国家儿童发展系列报告显示，个体生命最初的1 000天经历大脑快速发育、突触修剪和髓鞘形成等过程，是大脑可塑性最强的时期，是听觉、视觉、语言和认知等能力的最佳发展期。可见对儿童的教育越早越好。

为此，启蒙教育对儿童的健康成长至关重要。青少年时期是"三观"的形成时期，可塑性强。这就像扣纽扣一样，第一颗扣错了，后面的纽扣都会跟着错。因此，要扣好人生第一粒纽扣。

在我国古代教育中，将孩子的教育分为四个阶段：①幼儿养性（0～3岁）；②童蒙养正（4～12岁）；③少年养志（13～18岁）；④成人养德（18岁以后）。经过这四阶段青少年就形成了自己一套独立的世界观、人生观和价值观。启蒙教育是孩子行为习惯和品格养成的关键期，也就是养性和养正的关键期。

专家认为，儿童心智的教育有两个最为重要的时期。

一个是0～3岁的成长期。3岁以前，孩子处于飞速成长阶段，可以说，他们每天都不一样。这个阶段没有独立的思维能力，对父母有很强的依赖性，最容易受到父母的影响。这个时期是语言敏锐期。婴儿开始注视大人说话的嘴形，并发出咿呀学语声。语言能力影响孩子的表达能力。因此，父母应经常和孩子说话、多给孩子讲故事，培养孩子的语言表达能力。这个时期也是感官敏锐期。孩子从出生起，就会借着听觉、视觉、触觉等感官来熟悉环境。3岁前，孩子通过潜意识的"吸收性心智"感知周围的事物。这个时期又是动作敏锐期，是孩子最活泼好动的时期，父母应充分让孩子运动，使其肢体动作正确、熟练，并帮助孩子均衡开发左、右脑。除了大肌肉的训练外，小肌肉的练习，亦即手眼协调的细微动作的训练，不仅能使孩子养成良好的生活习惯，也有利于其智力的发展。这个时期要让小孩有安全感、亲和感，培养语言能力、感知能力，并养成良好的生活习惯。这个时期，小孩对父母的依恋感很强。有的父母认为小孩1～3岁之内没有什么好教育的，这个想法是错误的，3岁以前的教育比3～18岁重要得多。最为重要的是，3岁以前父母的陪伴和感情培养，很可能影响孩子一辈子的心理健康。

"二战"时有很多孤儿，他们有的被送到养育院，有的被送到宗教的慈善团体，这些孩子长大后很多都出现了心理问题。心理医生在了解了每个人的成长历程后，怀疑是不是早期这些机构在抚养孩子的过程中有一些不友好的行为，但经过调查，发现他们对孩子都非常好。

医生们又继续研究，发现这些团体养育孩子的时候是轮班制，每天由不同的人值班，时间一长，孩子情感依恋得不到满足，就会导致焦虑、苦恼、烦躁等情绪问题，这些情绪问题在早年埋下祸根，成年后稍稍有一点不如意就会引发心理问题。因此，满足孩子对父母的情感依恋需求是十分重要的。

刚出生的孩子想认识这个世界，最重要的方式就是利用知觉和味觉。因此，父母早期的陪伴不可缺失，这就是早期抚养模式。如果孩子每次痛苦的时候，父母都会第一时间出现，那么下次只要他一到父母的怀里，闻到让他放心的气味就能得到安抚。孩子出生后，父母日复一日的亲自照顾，会形成他对于满足和快乐的相关记忆，这种记忆又会形成潜意识，成为孩子一生中很重要的心理力量，让孩子具有安稳的性情。

另一个重要的时期是3～6岁这个阶段。这个时期是孩子性格、品格形成的关键期，也是儿童读写的敏锐期。这个时期孩子在语言、感官、肢体动作等方面进步很快，得到充分的学习，其书写、阅读能力就会自然产生。这个时期是文化脱敏期，孩子对文化学习的兴趣，始于3岁；这个时期也是孩子良好行为习惯养成的关键期。6岁以前，孩子如果能坐在桌前画画、写字30分钟，那么他上学做作业就可以顺利完成。孩子的好习惯是在这个时期奠基的，但孩子的很多坏习惯，都源于3岁前的教育"缺失"。

现在，许多父母由于生活所逼，外出打工，把孩子留给爷爷奶奶带，这对孩子的健康成长是不利的，陪伴孩子的成长是父母的责任，也是父母成长的体验。

启蒙教育是孩子人生中的基石，将深刻地影响孩子的一生。把握最佳的黄金时期，采取正确的方法，促进孩子心智健康发育，关系到孩子未来成为什么样的人，能否成为有德、有情、有智、有礼的人才，这也是关系千家万户的大事。

（三）《三字经》强调了启蒙教育要培养儿童坚定的心志和虚心求学的态度

《三字经》在启蒙教育中，强调要帮助儿童立定志向。《三字经》曰："教之道，贵以专。""贵以专"，一方面提醒儿童立定心态，专心向学；另一方面，又提醒儿童养成良好的习惯，树立终身学习的目标。

儒家把"专"作为治学的态度，孟子说："不专心致志，则不得也。"朱熹说："读之者贵专，而不贵博。盖惟专能知其意而得其用；徒博，则反苦于杂乱浅略而无所得。"意思是说，读书重在专而不重在博，专能知其意而懂得应用；只博不专，就反为杂乱所困惑而无所得。苏轼说："不一则不专，不专则不能。"意思是说，不集中攻习一种艺术就难以有专长，没有专长就难以尽其才能。明代庄元臣说："一矢不能中两的，一车不能赴两途。"人的寿命和精力都是有限的，有所为有所不为，才能有为；有所知有所不知，才能有知；有所长有所短，才能有专。那么，怎样才能做到专呢？

一要专注和痴迷。"专"字是纺纱时围绕一个圆心转，意为专一、专注。古往今来，凡在某一方面有造诣、有建树的人，无一不是勤奋、专注、痴心不二的。如王羲之练习书法入了迷，总是情不自禁地用手划衣襟，久而久之竟划破了衣衫；爱因斯坦专注于研究课题，竟至多次迷路，找不到自己的家；安培专注于数据演算，错把奔跑的马车厢当成黑板在上面演算起来；巴尔扎克写《欧也妮·葛朗台》入了迷，对突然进屋的人高声大叫："是你害死了她！"牛顿也是如此，他学习和研究都专心致志，简直到了入迷的地步。其着迷于计算月球的轨道，煮鸡蛋时错把手表当鸡蛋扔进锅里的故事，更是说明他研究学问达到了"入迷"的程度。

二是具有抗干扰的定力。在人生的道路上，我们专力、专注于某一事业，往往会受到来自外界的干扰。有冷嘲热讽的，还有刁难、阻挠的，如果太在乎这些闲言闲语，必然一事无成。有这样一个寓言：一群青蛙进行比赛，看谁先到达一座高塔的顶端。比赛开始了，围观者一片嘘声："太难为它们了！它们是无法达到目标的！"有些青蛙开始泄气，可是还有一些青蛙奋力向上爬。围观的青蛙继续喊着："太辛苦了，你们不可能到达塔顶的。"这样，剩下的青蛙都泄气了，停下来了，只有一只青蛙一如既往继续向上爬，最后到达了终点。这时，大家才发现——这只青蛙是聋的。其实在人生前进的路上，你会听到很多质疑非议的声音，假如因别人而自我怀疑继而自我否定，最终会夭折在各种聒噪声中。正确的做法是"走自己的路，让别人说去吧"！

三是贵在坚持。三天打鱼，两天晒网，必然一事无成。司马迁写《史记》花了18年，左思写《三都赋》花了10年，李时珍写《本草纲目》花了30年，哥白尼写《论天体的运动》花了30年，达尔文写《物种起源》花了22年，弥尔顿写《失乐园》花了7年，马克思写《资本论》整整花了40年的功夫。一滴水从岩石滴下来看似微不足道，然而若长年累月地滴，却能造就奇迹。桂林的山洞中有不少奇形怪状、蔚为壮观的钟乳石，就是岩石滴水的含有物经历数万年的积累而形成的。同样，许多科学家之所以能杰出，其根本原因在于持之以恒。

四是集中时间和精力，发挥自己的才艺。有人说天才是天赋加勤奋，可是，同样是勤奋，有的人成功，有的人则平庸，区别在于能否集中时间和精力。具有正常智商的人，如能集中自己的时间和精力，全力做好一两件事，而且长期坚持下去，大都能做出不俗的成绩，表现出相当的才能来。有些人集中毕生精力打桥牌、下围棋，有的人集中精力画画、练书法，还有的摄影、雕刻，结果都成了大师。可惜有些人把宝贵的时光用在无聊、无意义、无格调的事上，如有的人一辈子争权夺利，有的人一辈子陷于家庭纠纷，有的人一辈子吃喝玩乐，有的人一辈子干什么都是三分钟热度，一辈子都在改换门庭……这样自然一事无成。

五是增强抗拒诱惑的能力。在这个五彩缤纷的大千世界，有各种各样的诱惑让人眼花缭乱、心神不定，这就要不能"花心"。有一位学术成就很高的学者，深有感触地现身说法：人生有三只兔子不可追。少儿时代，教室之外嬉戏玩耍是一只诱人的兔子，你若去追它，它就带给你荒废的一生；青年时代，校园之外名利富贵是一只诱人的兔子，你若去追它，它就带给你虚荣的一生；中年时代，社会上灯红酒绿是一只诱人的兔子，你若去追它，它带给你的是堕落的一生。这位学者说："你别羡慕我，人生之秋获得丰硕的成果，说难也难，说易也易，只要抵挡住诱惑，不去追那三只兔子，业绩往往水到渠成。"

《三字经》把"专"作为教之道，是很有道理的。"贵以专"关键是培养儿童的专注力。老祖宗总结了几千年的经验，要我们身心合一，不能在同一时间干两件事情。孔子说"食不言，寝不语"，一心不能二用。古人修心修身的目的就是要"身心合一"。一个"专"字，概括了传统教学的基本原则与方法，我们教育孩子成才也一定要从"专"这个字入手。教育要持之以恒，不能放松；教学要专一，要精不要杂，广学多闻是孩子们有了基础以后自己深造的事情。教师、家长要做的就是使孩子"专"——学习的时候一定要他专心致志、一心一意，引导孩子集中注意力。

家长大多数都非常重视孩子学习，却往往忽视了专注力的培养。而专注力恰恰直接影响学习效果。那么，怎样培养孩子的专注力呢?

　　家长最好在孩子两三岁时,就给他们一张固定的小桌子、小椅子,让他们离成人交谈场合远一些,离电视、厨房也远一点,总之干扰越少越好。孩子一旦坐下来看书、玩玩具,就尽可能让他坚持久一些,来了客人也不一定非要打断孩子。家长讲故事也要专心地讲,尽量让孩子的注意力时间长一点,不要刚讲几句又转到别的事情上去,不要随便中断。即使孩子捏陶人、做手工,也是大脑持续性的活动,家长最好不要去干扰他们的思维,这样就能使孩子逐渐养成沉浸于内心活动的习惯,不容易分心。

　　孩子入学以后,家长要注意从一开始就培养他们良好的学习习惯。比如孩子做作业时,除了固定桌椅外,与学习无关的物品(如画册、小玩具等)一律撤除。孩子坐下来写作业看书以前,要求孩子准备好学习用具,喝水、上厕所等琐事也最好不要在坐下写作业以后才又想起,这样做的目的是让孩子一坐下来就能很快进入思考状态。坚持一段时间,不但能提高学习效率,也有利于思维的流畅与灵敏。

　　有的家长疼爱孩子不得法,坐在孩子旁边削铅笔,递水喂点心，这是完全错误的，甚至有的孩子被家长宠坏，养成不好的学习习惯，一边做作业一边提出各种要求，稍不如意，就发脾气，威胁家长"我不做作业了"，哪里还谈得上注意力集中！有的孩子虽不一定离开座位，但连续用脑和书写的持续能力差，一个问题不能在脑子里待多久，思维容易中断。有的家长坐在孩子一旁督促孩子专心，可是孩子刚写一会儿，家长看见孩子的手脏了，就说："你看你的手哟，怎么这样脏呀？"一会儿又说："头发也长了，该理发了。"有的家长则"远距离干扰"，自己在厨房忙着，想起一件事就随便打断孩子。比如："今天带去的钱交给教师了吗？"孩子不得不分散注意力来回答。孩子得到这种反复的分心"训练"，结果也就形成注意力容易分散的坏毛病，这实在是家长的过错。

那么，如果孩子的注意力已经比较涣散了该怎么办呢？注意力不集中的毛病纠正起来比较困难，也容易反复。但只要下决心去做，也并非做不到，只是家长要有足够的耐心。循序渐进的做法是，开始给孩子定一个标准，要求不要太高。比如孩子可以持续五分钟不分心，那么标准就定在四分钟左右。孩子如果达到了这个标准，家长就应予表扬。一般来说，读小学的孩子能够持续用脑15～30分钟，也就不算注意力不集中了。

（四）《三字经》强调了家长和教师是启蒙教育的责任人

第一责任人是父母，父母对人类承担生儿育女的义务，对社会有培养人的义务，对国家有造就好公民的义务。家长是孩子的第一任教师，从一定意义上来说，孩子是父母的"翻版"，有什么样的家长，就有什么样的孩子。我们随时可以从孩子的身上看到家长的影子。《三字经》讲"子不教，父之过"，其实，这里的"父"也包括"母"，孩子的教育是父母的共同责任。儿童教育应从家长开始，父母对子女不但要养育，更要教育。在这里《三字经》举例讲了孟母和窦燕山两个典范。

我们先来看看《三字经》中的"孟母三迁"——"昔孟母，择邻处，子不学，断机杼"的故事：

传说孟子很小的时候，他的父亲就去世了，他的母亲仉氏对他的生活和教育十分用心。一开始，他们孤儿寡母居住的地方离坟场比较近。由于坟场周围丧事活动比较多，孟子竟然整日哭哭啼啼学着拜祭玩。仉氏觉得在这样的环境中对孟子的成长很不利，于是便带孟子离开，搬到了一个集市周围。谁知孟子又耳濡目染学会了商人讨价还价做买卖的事儿。仉氏便觉得这一居处也还是非常不妥，于是把家搬到了学宫附近。到了每月初一的时候，朝廷官员会来此地行礼，孟子见了便将他们行礼的内容一一记住，孟母这才大为欣慰，于是便携子在此定居。古人学习的内容和今天是不同的，在孟子的时代，"礼仪"是每个入学者必修的课程，孟子的母亲仉氏之所以最终选择居住在学宫旁边，自然是希望孟子能够接触"向上"的东西，不至于被"旁门左道"的事情扰了心智，能够从一开始便获得良好的学习氛围。这份见识，在今天仍能让许多家长汗颜。我们经常看到报道说一些家长由于忽视了对孩子教育环境的把关，最终令其误入歧途。有些家长对子女的成长环境并不十分重视，对孩子采取放任自流的态度。结果孩子被不良环境所污染，最终走上任性妄为甚至违法犯罪的不归路。

孟子年龄稍大的时候外出游学，学业还没有完成就返回家里。他的母亲正在织布，看见他回来就问："学得怎么样了？"孟子无所谓地说道："跟过去一样。"孟母见他这个样子，大为恼火，用剪刀剪断了织好的布。孟子见状十分不解，母亲说道："你荒废学业，如同我剪断这布一样。做事情半途而废怎么行呢！"孟子十分惭愧，从此勤勉发愤，终于成了有大学问的人。

　　第二个故事是五代后晋时期的窦燕山——"窦燕山，有义方"。这个故事说的是窦燕山后来深明行事应遵守的规矩法度，因此其后代人才兴旺。"义方"这个词后来专指家教而言，父亲以实际行动教育子女遵守法度，克己复礼。这就是言传身教，其潜移默化之效果自然是十分持久的。

　　窦燕山，原名窦禹钧，蓟州渔阳（今天津市蓟县）人。渔阳地处燕山一带，后人便称窦禹钧为窦燕山。他出生于富商家庭，家业兴旺。但他从前玩惯了商贩伎俩，以大斗进，小斗卖，行坑蒙拐骗之能事。又喜欢仗势欺人，称霸一方，附近百姓都痛恨他为富不仁。后来，他终于幡然醒悟，痛改前非，决心做一个好人，发自内心地决定补救过去所犯的过错。

　　有一年元旦，窦禹钧去延庆寺拜佛，在大雄宝殿跪垫旁边捡到白银二百两，黄金三十两，他再无见利忘义之心，在寺中等候失主半天，果见一哭啼不已者四处找寻遗金。原来此人父亲被贼掳去，那人东奔西走好不容易才凑齐这笔银两以赎父亲。窦禹钧知道这些白银黄金确为那人所失，急忙如数奉还，并且还赠给他一笔路费，失主感激不尽，连声道谢而去。

　　窦禹钧有个仆人偷了他许多钱，竟写下卖女契约："永卖此女，以偿还所偷的钱。"然后便逃跑了。窦禹钧可怜其人，烧了契约，养育此女，养大后还为她择婿出嫁。窦禹钧家乡不少穷人，在娶媳、嫁女、治丧等事情上苦无银两，窦禹钧就把自己的银两送给他们，一年收入除日常开支，全部用来救济别人。同时，窦禹钧为乡民设立学堂，请有学问的人前来授课，把附近因贫穷而不能上学的孩子招来免费上学。如此周济贫寒，窦禹钧终于转而受到大家的赞许。窦禹钧此后仍一如既往修身养性，广行善事。后来，他有了五个儿子。由于窦禹钧教子有方，以身作则，窦家因此人才兴旺。

　　民间传说中"五子登科"的故事，说的就是窦禹钧家。其长子窦仪，五代后晋天福六年（941年）举进士。

后汉时，官至礼部员外郎。后周时，官至翰林学士、兵部侍郎。北宋时，任工部尚书兼判大理寺，病逝后，宋太祖赵匡胤叹曰："天何夺我窦仪之速耶！"赠仪右仆射。次子窦俨，后晋天福六年举进士，历仕后晋、后汉、后周各朝，屡任史官。北宋建隆元年（960年），任礼部侍郎，奉旨撰定祠祀乐章、宗庙谥号。三子窦侃，文行并优，后晋天福六年举进士，在后周官至起居郎。四子窦偁，后汉乾祐二年（949年）举进士。宋太平兴国五年（980年），拜为兵部郎中，力主"休兵牧马，以徐图之"，阻拦宋太祖北征，被采纳，授予枢密直学士。后充职左谏议大夫，任参知政事。五子窦僖是后周进士，曾任宋左补阙，为官清廉，名扬城内。当时人们称窦燕山的五个儿子为"窦氏五龙"。五个儿子金榜题名时，侍郎冯道赠诗曰："窦燕山十郎，教子以义方。灵椿一株老，丹桂五枝芳。"而窦禹钧自己最后也官至谏议大夫，享寿八十二岁，无病而卒。

　　启蒙教育的第二责任人是老师。老师承担着对学生"传道、授业、解惑"的责任，老师是学生的领路人，老师的素质在一定程度上决定了学生的品质和能力。老师要传授学生安身立命之道，教学生做人之道。俗话说"名师出高徒"。老师是儿童成长过程中第二重要的人，儿童的生活时间，一半在家里，一半在学校，老师既是师长，又是朋友，有些儿童有心里话，不对家长讲，却会向老师倾诉。老师最开心的是看到学生学业的进步和良好品德的养成，发现可以造就的良材。但假如在教育上不尽心尽力，这种"惰"就是师之过了。

达·芬奇是欧洲文艺复兴时期意大利的一位卓越的画家。他从小爱好绘画，父亲送他到当时意大利的名城佛罗伦萨，拜著名画家韦罗基奥为师。韦罗基奥不是先教他创作什么作品，而是要他从画蛋入手。达·芬奇画了一个又一个，足足画了十几天。韦罗基奥见他有些不耐烦了，对他说："不要以为画蛋容易。要知道，一千个蛋中从没有两个是形状完全相同的；即使是同一个蛋，只要变换一个角度去看，形状也就不同了。比方说，把头抬高一点看，或者把眼睛放低一点看，这个蛋的椭圆形轮廓就会有差异。所以，要在画纸上把它完美地表现出来，非得下一番苦功不可。"韦罗基奥还说："反复地练习画蛋，就是严格训练用眼睛细致地观察，用手准确地描绘形象；做到手眼一致，不论画什么就都能得心应手了。"后来达·芬奇用心学习素描，经过长期的艰苦的艺术实践，终于学有所成，创作出许多不朽的名画，成为一代宗师。

第三讲 启蒙教育的三大内容：
德育、智育和美育

《三字经》对儿童启蒙教育的内容，集中在德育、智育和美育上，而这三者是相辅相成又相互渗透的。

一、以德为先，立德树人

古人在启蒙教育中把道德培养摆在一个突出的地位，甚至在人才的选拔上，也一度依据道德准绳实行过所谓"察举制"——选拔贤良、方正、孝悌的人进入官僚体系。正因如此，才造就了传统中国人温情善良的品性。尽管不像西方社会那样有宗教的约束力，但我们的社会从来不缺知义方、识大体的善人义民。钱穆先生认为今天我们似乎太重视物质方面的一切，认为知识即权力，认为知识权力胜过了一切。其实知识只是生命使用的工具，为了求生命满足，才使用知识和权力。生命所使用的，都只是外物，不是生命之本身。生命不能拿知识权力来衡量，只有人的行为和品格，道德精神，才是真生命。……这一种道德精神，永远会在人生界发扬光彩。而中国人则明白提倡此一道德精神而确然成为中国的历史精神了，这是中国历史精神之最可贵处。以道德修养来完善生命，这体现了先辈何等伟大的追求！

而对于德育的强调，又岂独我们古人？国外的教育家同样强调德育为先。英国哲学家洛克说："我认为在一个人或者一件事的各种的品性之中，德行是最不可缺少的；如果没有德行，我觉得他在今生来世就都得不到幸福。而德行愈高的人，其他一切成就的获得也愈容易。"德国心理学家、教育家赫尔巴特说："道德普遍地被认为是人类的最高目的，因此也是教育的最高目的。"

法国著名思想家蒙田说："心灵有了哲学，就能焕发精神。应当用精神的健康来促进身体的健康。心灵应该是让祥和愉悦展现在外表上，用自己的模子来塑造身体的举止，使之端庄高雅、轻灵活泼、自信淳朴。精神健康最鲜明的标志，就是始终快乐。"他还认为："美德至高无上、高贵尊严。"

世界上优秀的人都主张德育优先，可惜，现在的家长和教师更多地把目光放在儿童的分数上，这种"重智不重德""只求高分和就业率"的思想比之古人要落后得多。

也许有人会说，谁不想培养出道德高尚的学生？谁不愿自己孩子品性良好？可是道德教育实在难以"具体化"，单凭几篇课文、几句叮嘱，孩子便能提升道德水平吗？况且，道德水平又如何评价？具体到教育实践中，德育又如何实施？这些确实是很实在的问题，一味教孩子背诵学生守则"热爱祖国""尊敬师长""团结同学""孝敬父母"着实过于抽象，孩子背过就忘。美国著名实用主义哲学家杜威在他的《教育上的道德原理》一书中提出了三个主张：学校生活、教材和教法"三位一体"；道德训练日常生活化；组织学生直接参加社会生活。归结起来，就是要将道德训练生活化、实际化，让学生在社会生活中受到应有的道德训练。杜威的这个思想在西方教育界有着革命性的影响，传入中国以后也是备受推崇，尤其近几年来随着我国学校应试教育在德育问题上暴露的短板，又被许多人重新引用来反思我们现在的教育制度。其实，回头看看我们的古人，他们很早就已经思考过这个问题，几千年来的道德训练一直是寓于日常生活与社会活动中的。可以说杜威这套理念，对古人来说并不新鲜。

南宋大思想家朱熹认为对儿童的德育要从日常生活的"洒扫、应对、进退"以及"演礼"中加以训练，从而养成习惯。《三字经》的"亲师友，习礼仪"说的正是此事。在学习文化知识以前，学童先要学会洒水扫地、酬答宾客等礼节，在实际演练中涵养自己的恭敬之心，将道德训练融入基本礼节的培养中。从流传下来的蒙学著作以及一些笔记文献中，我们可以看出古人对于学童的礼节训练何等严格，像南宋真德秀的《教子斋规》对学童"学礼""学坐""学行""学立""学揖"的要求，清代万斛泉《童蒙须知韵语》对"言语步趋""洒扫涓洁"的规定简直细致入微。古人正是要通过这些具体的演练来磨炼孩子的持敬之心、端稳之质，养成约束自己行为的能力。同时，也通过让学童参加社会活动将这种恭敬之心进一步内化，比如让他们参加祭祀、演礼、歌舞等活动，从而感受到崇高感，或让他们从社交活动中学会规范自己的言行。

今天我们的生活方式发生了很大改变，我们自然无法恢复古人种种"演礼"活动，学校和家庭对于孩子行为举止的规定也不似从前苛刻了，但对于孩子的道德训练并不能因为时代的变化而放松要求。我们可以采取新的方式和手段，比如让孩子从家务劳动中体会父母的不易，学会分担父母的辛劳。这可算是现代版的"洒扫、应对"；比如引导孩子在音乐、诗歌等一切美的艺术形式中陶铸性情、感受崇高，而不是汲汲于考级加分。这是古人"乐教""诗教"的宝贵经验。总之，道德教育不是一句空话，是实实在在的、具有重要意义的大事。

习近平总书记在《之江新语》中说："人而无德，行之不远。没有良好的道德品质和思想修养，即使有丰富的知识、高深的学问，也难成大器。"

当下许多家长比较关注孩子的物质生活，但常常忽视了对道德的培养。其实，孩子的一些行为失范，往往是道德缺陷引起的。道德不良和精神"中毒"对孩子心灵的影响如同身体的营养不良一样，是十分有害的。因此，启蒙教育应当以明德为先。

《三字经》强调对儿童品德的培养，是从家庭开始的，强调由个人修身，与家人相处，达到齐家，继而不断向外扩展，不仅成就自己，而且也成就他人，成就国家和天下。儿童在家庭中首先要孝敬父母，友爱兄弟，然后以谦和的态度对待他人、和睦宗亲，然后向外交往，才能与他人相敬、相爱、相助、相让。那么，社会就能长幼有序、安定稳固，这就是"修身、齐家、治国、平天下"。

那么，在启蒙教育中应突出培养什么样的道德情操呢？《三字经》提出了下面几个方面的要求：

（一）仁义忠信

《三字经》认为，启蒙教育首先要教育儿童立身处世，树立起善良、仁爱、正义、忠诚、诚信的品质，这是做人的根本，这个根本确立了，就能友爱亲人，关爱社会。为此，《三字经》把"仁、义、礼、智、信"，即"五常"和"父慈、子孝、兄良、弟悌、夫义、妇听、长惠、幼顺、君仁、臣忠"之"十义"等观念灌输给孩童。今天的道德观念随着社会面貌的改变虽然发生了许多变化，但大多传统道德仍然有其合理的内核，依然历久弥新。

《三字经》说：

> 曰仁义，礼智信，此五常，不容紊。
> ……
> 父子恩，夫妇从，兄则友，弟则恭，
> 长幼序，友与朋，君则敬，臣则忠，
> 此十义，人所同。

"五常"是人的性德，人性中含有五常之德，就是"仁、义、礼、智、信"。这是上天赋予人的天性，也是天德，是不能够紊乱的。《三字经》认为道德启蒙应突出如下的内容：

1. 仁爱

五常之中以仁德为首，仁统四端，有仁才有义、礼、智、信四德，所以古人在很多时候只用一个"仁"字来代表五德。例如孔子在《论语·里仁》一篇里说："君子无终食之间违仁，造次必于是，颠沛必于是。"就是说君子在吃一餐饭这样短的时间里，也离不开五常之德，至于生活动荡困苦、人生挫折困顿的时候，更应该是如此。

那么，什么叫作仁呢？通俗地说，善良、慈悲、有爱心就是仁。善是体，慈是相，爱是用，表现出来就是爱心，它们是一体三面，同出而异名。

第二次世界大战的时候，纳粹德国给许多国家和民族带来了深重的苦难，然而在战争的开始阶段，以德国士兵纪律性之强、作战之勇，德国科学家科研水平之高、研制武器之精良着实所向披靡，攻城略地无数。然而，任凭这支军队如何严整、智能、勇猛，却终究不是"仁义之师"，所作所为悖逆人心，最终一败涂地，被世界爱好和平正义的人们打败了。

有人说，战争就一定会造成死伤，还有什么"仁"可言？不错，现代战争的确都是为了争夺国家利益，我们也难以理解古人所谓"仁义之师"的概念。孟子说过这样一个故事：

从前，商汤居住在"亳"这个地方，同葛国是邻国。葛国君主葛伯昏庸无道，不祭祀祖宗，这对当时的人来说是足够大逆不道了。商汤派人问他："为什么不祭祀祖先？"葛伯说："没有供祭祀用的牲畜。"于是商汤就派人送给他牛羊。结果葛伯自己把牛羊吃了，并不用来祭祀。商汤又派人问他："为什么还不祭祀？"葛伯又说："没有供祭祀用的谷物。"商汤就鼓励亳地的百姓帮助葛国耕种，还让人给葛国百姓送饭。结果葛伯带领自己的人拦截带有酒肉饭菜的商国人进行抢夺，不肯给的就杀掉。有个孩子拿着饭和肉去送给耕种的人，葛伯杀了那孩子，抢走了他的饭和肉。葛伯残暴至此，商汤于是决定去征讨他，普天下的人都支持商汤，理解他的出兵不是为了争夺国家利益，而是为了给平民百姓报仇。商汤征讨这样残暴的国家，天下人都响应，人民盼望他来，就像大旱之年盼望下雨一样。商汤军队所到之处，赶集的人络绎不绝，种田的人照常干活，商汤除掉那里的暴君，安抚那里的人民，就像及时雨从天而降，人民万分喜悦。后来，周武王讨伐荒淫无道的商纣王，百姓也是这样抬着饭筐提着酒壶迎接周武王，正是因为周武王把那里的人民从水深火热中拯救出来，除掉他们的暴君。

　　孟子从这个故事中得出了结论：如果行仁政，普天下的人都将仰起头来盼望他，拥护他做自己的君主。可见，在传统儒家看来，即便是最不"人道"的战争，也必须要以"仁"来作为出发点，更何况是其他事情。

　　《三字经》说："曰仁义，礼智信，此五常，不容紊。"五常本于人心，是古人按照他们对人性的理解理出层级关系的。古人解释说，仁是心之本，宽容温柔、慈良恻隐，如大地一般厚重深稳，才有可能接受其他的品德；义是心之力，发强刚毅、奋勇果敢才有可能维持良好品德；礼是心之节，齐庄中正、节制谦让才能行为合范，循理而行；智是心之机，聪明睿智、文理密察才能审时度势，灵活应对；信是心之盾，言出必行、诚实忠厚是实现前面道德的支撑力量。仁、义、礼、智、信五者顺序不容紊乱，且义、礼、智、信以仁为统帅。倘若没有仁，义、礼、智、信亦未必成为良好道德，比如恐怖分子也刚毅果敢，邪教徒也生活节制，计算机黑客也智商很高，贩毒团伙里的罪犯之间也讲信用，但这些都不算是值得提倡的道德，只有本于仁的五常才是我们应当效法的。

那么，到底什么是仁呢？孔子在《论语》中，关于仁的论述是最多的，仁是《论语》中的一个核心。孔子的弟子经常向孔子询问仁的问题，可是他每次所答不一，也并没有真正揭示过仁的内涵，他说得更多的是仁的表现。比如，有次孔子的弟子司马牛问什么是仁，孔子说："仁的人，他说话是谨慎的。"司马牛迫不及待地问："说话谨慎就叫仁啦？"孔子说："做起来那么困难，说起来能不谨慎吗？"《史记》说司马牛"多言而躁"，所以孔子这番回答给他启发，有针对性地指出了仁的一个侧面。还有一次，弟子冉仲弓又问孔子什么是仁，孔子说："平常出门像会见贵宾一样，使唤百姓就像承办重大祭祀一样庄重严肃。自己不愿意的事情，不要强加给别人。在诸侯邦国做官无所怨恨，在卿大夫的封地里做官也无所怨恨。"仲弓做过鲁国大夫季氏私邑的长官，孔子认为他是个政治人才，称赞他"可使南面"（就是说他可以做一国的诸侯了）。这是从治理国家的角度，为他提出了仁的政治层面的要求，不过这仍只是仁的一个表现形式，不能算是仁的本质内涵。又有一次，颜回请教什么是仁，孔子说："克制自己，使自己的言行符合礼，这样就是仁。一旦这样做了，天下人都归顺于仁了。要做到仁，完全要靠自己，怎么能靠别人呢？"颜回继续问："那实践仁的细则是什么？"孔子说："不合礼的不要看，不合礼的不要听，不合礼的不要说，不合礼的不要做。"我们知道，颜回是孔子最欣赏的弟子，孔子认为他是个大可用世之才，因此从更高的标准来要求他，希望他实现"天下归仁"的理想。这几个例子中的孔子所答，都是因材施教，是关于仁的片段。不过，有一次孔子确实说明白了仁的内涵。子贡是孔门弟子中悟性极高的一位，有次他问孔子说："如果有人能广泛地对民众进行施予和救济，这人怎么样？可称得上仁人吗？"孔子答道："岂止是仁人，简直是圣人了！就连尧、舜尚且难以做到呢。所谓'仁'，就是要想自己站得住，就要使别人也站得住；要想自己行得通，就要使别人也行得通。凡事能就近以自己作比喻，而推己及人，可以说就是实行仁的方向了。"这段话出自《论语·雍也》，原文是这样的：

> 子贡曰："如有博施于民而能济众，何如？可谓仁乎？"子曰："何事于仁？必也圣乎！尧舜其犹病诸。夫仁者，己欲立而立人，己欲达而达人。能近取譬，可谓仁之方也已。"

孔子心目中仁的本质就是"己欲立而立人，己欲达而达人"。"立"是自己有所成而足以无倚，"达"是有所通达而显于众。自己求立，还要使别人也立；自己求达，也使别人亦达。简单来说，就是既成己又成人。"能近取譬"，便是为仁的方法，也就是由近及远，推己及人。己所不欲，不强加于人。己之所欲，也为别人着想。每个人都想要"立"，每个人都渴望"达"，只要能把自己的这份心推广到别人身上，自己求立求达也帮助别人求立求达，这便是仁了。

春秋时代的晏子，在齐庄公死了以后，没有离开齐国。他继续辅佐庄公的弟弟齐景公，为齐国做了不少贡献。有一次，大雪下了好几天还没转晴。景公穿着用狐狸腋下白毛做的名贵皮衣，悠闲自得地坐在正堂前的台阶上。晏子进宫谒见时，景公无意中说道："真奇怪，雪都下了好几天了，可寡人一点也没觉得冷。"晏子明白这位养尊处优的国君自己身在宫廷深院，衣食无忧，却不曾想到其他人的生活状态。晏子说："我听说古代仁德的国君，自己吃饱了便会想到百姓的饥饿，自己穿暖了便会想到百姓的寒冷，自己安逸了便会想到百姓的劳苦。很明显，您现在从未想过他人的感受啊！"景公听了不禁惭愧，于是下令拿出大衣和粮食分给饥寒的人，不论是在路上还是里巷见到的，是国中的还是国外的。

在这个故事中，晏子想要告诉景公的，正是仁这层意思。从日常生活来说，在自己生计有所保障的同时，便会考虑让他人也有所保障，仁就是这样朴实的一种思想，并没有太玄的内容。可是现在许多人，自己立起来、显达起来以后，不仅不会帮助别人有所立、有所达，反而还要去欺负别人，侵害别人，或者他自己的"立"和"达"也干脆就是靠阴损别人而建立起来的。这样的人，便是再聪明再勇敢，于社会又有什么帮助呢？

在具体事项上如何才能做到仁呢？孔子在《论语·阳货》中提出五条标准，就是恭、宽、信、敏、惠。孔子说："恭则不侮，宽则得众，信则人任焉，敏则有功，惠则足以使人。"恭是自重自尊，是严格要求自己，这样就不会有外来的侮辱；恭既是严于律己，宽就是宽以待人，包容他人的缺点，宽宏大量的人一定得众；信是自信信他、信因信果等的合称，是内心诚敬，不自欺的结果，能如此则天下没有不可以用的人，也就是老子说的"圣人无弃物"；敏是聪明敏捷、反应快、办事情不拖泥带水，容易有事功；惠是恩惠，要有行动表示，不能总是空口说白话，但恩惠必须出自于诚，是真感情而不是假手段，这样的人君才可以与其共事。孔子提出的实行仁的标准并非高不可攀，只要肯接受，人人都可以做到。

仁是五常的根本。《三字经》所云"此五常，不容紊"，特别强调的正是仁为首。没有仁作为前提，也就谈不上义、礼、智、信。

2. 忠诚

成为"忠臣孝子"一直是古人的道德目标。君王在古代是社稷的象征，"忠君"是与"爱国"相联系的。即便到了现代，像英国、日本这样的国家，皇室仍然是国家的象征。古人之所以强调忠君，正和今日强调报效祖国是一样的，读书人将拳拳之心寄托在君王身上，通过参与和影响君王的决策，来达到"天下大治"的政治理想，这是古人理想中的君臣关系。古人所认为的"忠"，不是愚忠，而是有原则、有节操的忠。孔子就说："君使臣以礼，臣事君以忠。"国君以礼任用大臣，大臣则以忠诚报之。孟子也说："君之视臣如手足，则臣视君如腹心；君之视臣如犬马，则臣视君如国人；君之视臣如土芥，则臣视君如寇仇。"君主看待臣下如同自己的手足，臣下看待君主就会如同自己的腹心；君主看待臣下如同犬马，臣下看待君主就会如同路人；君主看待臣下如同泥土草芥，臣下看待君主就会如同仇人。都讲究一个前提，那就是君主首先自己有礼有节，尊重大臣，然后大臣才能忠心不贰。

春秋时期齐国的国君齐庄公与大臣崔杼夺来的女子通奸，崔杼杀了庄公。大臣晏子去庄公尸体旁吊唁，人家问他是殉君难还是就此逃亡，他说了这样一番话："臣子的职责要保护国家。因此君主为国家社稷死就该随他死，为国家社稷逃亡就该随他逃亡。如果君主只是为他自己死，为他自己逃亡，那么除非是他的私宠，否则谁愿意为他死，为他逃亡？况且别人立了君主又杀了他，我哪能为这样不合理的君主殉难，或者因为他就逃掉呢？"

这个故事出自儒家经典《左传》，反映了儒家对于君臣生死问题的态度。儒家并不主张大臣是君主的奴才，所谓"忠君"在最初也并没有那么复杂，其实和今天尊重领导的思想是差不多的，即前提是领导本身也是个值得尊敬的人。

（二）夫义妇顺

夫妻关系是家庭的轴心关系，是最重要的人伦关系。为此，《三字经》强调要"夫义妇顺"。就家庭来说，夫为妻纲是基于古代社会"男主外，女主内"的社会角色以及多妻制度的现实来考虑的，有着时代的烙印，在这一点上东西方曾经是一样的。需要特别说明的一点是，正如君臣关系一样，妇对夫的"服从"也是有条件的，这一点可能很多人忽略了。我们中国人是个重

"和合"的民族，说话讲道理也喜欢对照着说，比如对联就是这样，说"臣事君以忠"必须加个"君使臣以礼"，两相对照，同为一体，这才算完整，古人议论许多辩证关系时都是这样。"何谓人义"？父慈、子孝、兄良、弟悌、夫义、妇听、长惠、幼顺、君仁、臣忠，十者谓之"人义"。比"夫为妇纲"这个说法更早的"妇听"，出自《礼记·礼运》，"妇听"之前有个"夫义"，就是丈夫是个修义之人。夫义妇听，二者一体，倘若夫"不义"，妻子就不要听他的，要劝谏他。以下两个故事就很能说明这个道理：

（一）

相传晏子有一个车夫，这位车夫驾车搭载晏子的时候，坐在大车盖下，鞭打着四匹马，显出一副得意扬扬的样子。他妻子从门缝里看到他狐假虎威的神态，等他回来立刻批评他说："你看人家晏子身高不满六尺，名声显扬于各国诸侯，今天一见竟然如此平易谦虚，而你身高八尺，当一个车夫就志得意满，一副轻浮自大的样子。"车夫听了非常惭愧，从此变得谦虚谨慎起来，后来被晏子推荐做官。

（二）

东汉的乐羊子，有天在路上捡了一块金子，赶紧拿回家给妻子。他妻子却说："我听说有志气的人，渴了连'盗泉'的水都不喝（因为厌恶它的名字），有骨气的人再饿也不摇尾乞怜问人要东西吃。你却捡拾别人的失物，真是玷污自己的品德！"乐羊子听了十分惭愧，把金子放回原处。后来他外出游学，没学成就回家，他妻子也用"断机"的譬喻来批评他，于是乐羊子回去重新修完了自己的学业。

像这样妻子"不从"丈夫、劝谏丈夫的例子，古书中还有不少，古人记录时是作为妇女的正面形象加以表扬的。只是到了后来，夫权的概念发生了偏颇，在某些时代过于强调"妇听"而忽略了"夫义"，这是男尊女卑极端畸形化的产物，不能算是主流。《三字经》中的"夫妇从"没有提到"夫义"，而只说到了"从"，也许这是由于《三字经》的文体所限，三个字无法概括这么多的内容，又算上押韵的影响，只能写成"夫妇从"，其实"十义"原文讲的是"夫义妇从"。不管怎么说，"夫义妇从"这一道德准则是用来解决家庭问题的，其中大的原则就是讲和顺。古人在特定的社会环境中，认为"夫义妇从"是达到"家和"的手段，因为古时候妇女受教育程度有限，许多决策要男人来拿主意。现在时代变了，夫妻关系首先建立在爱情的基础上，夫妻之间平等尊重，提倡夫妇协商，不再一味地强调"妇从"了，这是对旧道德的扬弃。不过这其中的大原则和出发点，要求夫妇和顺、阴阳调和的观念，还没有过时。

（三）孝老爱亲

在古代"五伦"关系中，父子、兄弟姐妹是其中的两伦，处理好这两个关系，家庭才能和谐和幸福。《三字经》说：

> 香九龄，能温席，孝于亲，所当执。
> 融四岁，能让梨，弟于长，宜先知。
> 首孝悌，次见闻。

古人认为一个人能够孝顺父母、友爱兄弟，然后把这孝悌之心推己及人，他便可以做到孔子所说的"忠"和"恕"，成为道德高尚的人。同时，教育的内容，应遵循一定的顺序，不能本末倒置，"孝悌"是亘古不变的大道理，在人类社会存在的时候就已经产生，启蒙教育首先要教孝、教悌。孝悌，也就是孝顺父母、敬爱兄长。那么，孝悌为什么就是基本的道德标准？古人为什么强调修德要从孝悌开始呢？

《论语·学而》记载了孔子弟子有若的一段话，有若说："孝悌之人，却会存心喜好犯上的，是十分少见的。而不喜好犯上而喜好违法乱纪的，就更不会有了。君子应当从事情的根本处专注心力，根本建立起来了，'道'就由此而生了。孝悌应该就是仁道的根本吧！"孔子关于孝悌的主张有所发挥，揭示了由孝悌而求仁的原因。简单来说，就是推己及人——在家能够孝顺父母、敬爱兄长，将这两种心推而广之到其他人，对于长辈、领导也能持敬，对于其他人也能亲爱友好，这样便会成为一个有仁德的人，绝不会做出犯上作乱的事情。钱穆对这个问题有段十分精彩的论断，他说所谓"仁"，也就是关于人群相处的道理，所以孟子说"仁也者，人也。合而言之，道也"，而人道一定是本于人心的，所以孟子又说"仁，人心也"，由最初之心而言，则是人与人之间的一种温情与善意。发于仁心，乃有仁道。这种仁心是人性所固有的，其最先表现出来的便是孝悌之心，因此培养仁心应当从孝悌开始。孝悌之道，贵在能够推广而成为通行于人群的大道。"百行之首，以孝为先"，"敦伦笃谊，友恭为重"。古人深明孝悌对于道德养成的重要意义，孝敬父母、友爱兄弟在古人看来是天经地义的事情，倘若有人不孝不悌，那不仅仅是道德很差的问题了，可以说是禽兽不如了。《孝经·五刑》说："五刑之属三千，而罪莫大于不孝。"隋唐律中规定"不孝"属于"十恶"之罪，应受到严惩，宋元明清律例也延续此律。之所以这般严格，正是要人守住道德的底线，从根本上告诫人们修明道德。

古人认为孝悌之人也是仁义之人，所以能进一步委以重用，这在几千年的历史长河中一次又一次得到印证。我们经常能从古人留下来的文字中看到类似这样的表述：某某人从小孝顺双亲，友爱兄弟，长大便成了忠臣和廉吏。《三字经》中说的"香九龄，能温席""融四岁，能让梨"就是以历史上有名的贤人黄香、孔融的孝悌故事作为例证的。

（一）

东汉人黄香，少时侍亲极为孝顺，他年仅九岁，就懂得在酷热的夏天为父亲用扇子把枕席扇凉；寒冷的冬天，以身体的温度暖和被席。父亲患病，黄香更是照顾得无微不至。这样一位孝子后来在政治上也颇有建树，把侍亲的恭敬之心推广到为政之中。他勤于政务，常一个人趴在办公台上睡着，日日夜夜都不离开官府。有个案件因为奸人诬告，牵连千余人受刑，黄香不畏权贵坚持上奏，救下了许多人。后来他迁为魏郡太守，当地政府有一块旧的园田，与老百姓的分开耕种，并且收入颇丰。黄香说："我们做官的怎么能和百姓争利？"便把田地给了老百姓。有次水灾引起饥荒，黄香把自己的俸禄和皇帝为表彰他勤政的赏赐拿出来救济穷人。受到他的感召，许多大户人家也捐出义谷，帮助官府借贷给百姓，令饥荒的人民渡过难关。黄香真不愧是由孝子而贤臣的典范！

（二）

三国名士孔融四岁时与兄长们一块儿吃梨，他总是吃最小的，把大的给哥哥们。别人问他为什么这样，他回答说："我年纪最小，当然要吃最小的。"孔融这么小就懂得友爱兄长的道理是十分难得的。

　　古代像黄香和孔融这样少时孝悌、长有作为的例子屡见不鲜，我们还可以再举几例。

（一）

　　孔子的弟子子路少时家贫，长年靠吃粗粮野菜等度日。年老的父母想吃米饭，子路便翻山越岭从百里之外借来粮食奉养父母。后来子路做卫国蒲邑的大夫，克己奉公，体恤民劳。在任期间兴修水利，前后三年，取得不少政绩，深得孔子称赞。后来在国乱中从容就义，体现了伟岸的人格。

（二）

　　汉文帝刘恒还在代王任时，生母薄太后常病。刘恒为母亲亲尝汤药，奉养从不懈怠。后来刘恒贵为人君，将这份仁心推广至天下，与民休息，轻徭薄赋，开启了"文景之治"的序幕。

（三）

　　东汉赵孝与弟弟赵礼相处友爱，有年大荒，一帮强盗把赵礼捉走，说要吃他。赵孝奋不顾身跑到强盗那里，请求代替他弟弟受死。赵礼不肯，两兄弟抱着痛哭。强盗深为感动，就把两兄弟释放了。后来赵孝和赵礼都成了名臣。

（四）

南朝江革，父母很早去世，他和弟弟江观孤苦无依。但两人互相砥砺，刻苦攻读，终于进入太学增补为国子生。江革后来任广陵太守以及监管吴郡时，法出必行，诉讼公正，广施恩惠，清除寇盗，成为一代刚正不阿的廉吏。

兄弟之间是一体之两极，兄友则弟恭。做兄长的要友爱、关心弟弟，做弟弟的要恭敬、尊重兄长。兄弟之间有直接的血缘关系，如能兄友弟恭，长幼有序，兄弟之间自然就会和睦友爱，父母看到必然欣慰欢喜。法昭禅师有诗："同气连枝各自荣，些些言语莫伤情。一回相见一回少，能得几时为弟兄？"

许多奸恶之人在孝悌方面很早就显露出不德之端倪：

以疯狂著称的北齐皇帝高洋酗酒误事，他母亲娄昭君恨他不成器，教训了几句，谁知他竟然扬言要把母亲嫁给胡人！这样一个荒唐的逆子又有什么治国本领？他虽然是北齐的开国皇帝，但在位期间荒淫暴虐，使国家民不聊生。他自己也因酗酒好色弄得身体虚亏，年仅33岁就一命呜呼了。

　　历史上这样的例子还有很多，比如西晋的八王之乱就是一场皇族为争夺中央政权而引发的动乱，其中汝南王和赵王是司马懿的儿子，河间王和东海王分别是司马懿弟弟司马孚和司马馗的孙子，楚王、长沙王和成都王都是司马懿的孙子晋武帝的儿子，齐王则为晋文帝之孙。这一家兄弟、叔侄为了争夺权力大动干戈，不仅葬送了他们自身，还使得国家国力亏空，导致五胡乱华，国家分裂。

　　由此看来，孝悌之道又怎么算是小事？人若连孝悌之心都没有，又怎么能有仁义道德，又怎么能济世治民？古人以孝悌的表现来观察一个人的道德水准，正是基于"推己及人"这个道理。

　　唐代曹王李皋巡行县里，看见一位白发苍苍的老婆婆在哭，李皋问过老婆婆后得知是因她的两个儿子做官二十多年都不回家。这两个不孝子一个是当时的监察部的官员，一个是刑部的官员，名气都很大。李皋知道后，愤怒地说："'入则孝，出则悌，行有余力，然后可以学文'，这两个人怎么能有资格做官呢！"于是上奏朝廷将他们罢官除名，永不录用。

孝悌这个标准，真可算是古人所认为的最起码的门槛了。在古人看来，连自己的父母兄弟都无法善待，又岂能善待他人的父母兄弟？

孝悌是中华民族的道德伦理精神之一，所谓"家和万事兴"，孝悌持家，孝悌兴家，有了家庭人气的饱满，人情味的浓厚，有父母兄弟亲人在，还有什么困难面对不了呢？

（四）知书达礼

《三字经》对儿童的道德要求，从修己，齐家，讲到了处世，学会对待师友、对待他人，与他人和谐相处，为此，提出了知书达礼的要求。《三字经》讲："为人子，方少时，亲师友，习礼仪。"

人要在年少的时候，亲近良师益友，学习礼仪。中国是礼仪之邦，礼仪的教育源远流长，孩子从小就要接受礼仪的教育。礼是规范，仪是程式，互为表里。

《左传·昭公二十五年》认为："夫礼，天之经也，地之义也，民之行也。"礼的本质是什么呢？孔子的学生有子在《论语·学而》中说过："礼之用，和为贵。"礼的作用在于和，有了和才能达到儒家"仁"的境地。中国文化千经万论、诸子百家，归根到底就是追求一个字，那就是"和"。子思为此著了一部《中庸》，他强调说，"致中和"——"致中和，天地位焉"。天地之所以能够长存，是因为达到了中和的状态；人之所以健康无病，也是因为有中和之气，所谓心平气和才有健康。

礼的核心精神是恭敬，假如心中没有敬，礼是虚伪的。礼的表现形式就是各种礼仪，仪是礼的外在形式，礼又是恭敬的外在表现，所谓内恭外礼。内无恭敬之心，礼再多也没有用，礼越多人越虚伪。

"礼"的主要作用是序人伦，用于规范和调节人伦关系。要做到"亲师友"，如果不懂礼仪，是不可能按照礼仪规范去行事的。

（一）

清华国学研究院有四大导师，其中第一把交椅是王国维。王国维到清华来，与清华人懂礼有关。一开始校长给他写了一封信，信中请王先生到清华执教，说一个星期多少节课，给薪金多少。作为清华国学研究院创办人之一的吴宓一听，说王国维是有学问、有身份的人，我们怎么一封信就把他呼之即来？绝对不行。那怎么办，信都寄出去了。吴宓很聪明，说校长您再亲自写封信，就说前面那封信是跟您打个招呼，今天我们专门派人来聘请您。吴宓见了王国维，虽然西装革履，但上去就行大礼（现在有些书写得不对，说他鞠躬，鞠躬不是大礼，大礼是叩首）。王国维一下子被感动了，当即决定把城里的房子卖了，搬到清华去住。

（二）

清华国学研究院另外一位名师是陈寅恪，在海外留学很多年后来到清华任教。学生听说清华来了一位教授，会十几种语言，纷纷到他家去拜访。当时陈寅恪父亲还健在，他父亲说，学生们来看你，我也一起见见吧。于是，陈寅恪在正中间摆了一把椅子请父亲坐下，前面摆了两排椅子让学生坐下，自己站在父亲的旁边。当时这件事很轰动，作为儿子不管你有多大的学问，做多大的官，在父亲面前永远是儿子。他在海外这么多年，但是内心深处仍懂中国人的礼，所以站在父亲的旁边，这叫侍立。学生怎么坐着呢？因为学生是客人，待客之道，客人应该坐。

越是有修养、有学识的人，越是懂礼貌、礼仪、礼节，"礼"是立身处世之本，是促进人际关系和谐的"润滑剂"，也是事业走向成功的"通行证"。

今天，"习礼仪"主要是按照"八礼四仪"的要求，养成讲文明、懂礼貌、有道德的良好品质和行为习惯。以下是对"八礼四仪"的简单介绍：

"八礼"

一是仪表之礼：面容整洁、衣着得体、发型自然、仪态大方；

二是餐饮之礼：讲究卫生、爱惜粮食、节俭用餐、食相文雅；

三是言谈之礼：用语文明、心平气和、耐心倾听、诚恳友善；

四是待人之礼：尊敬师长、友爱伙伴、宽容礼让、诚信待人；

五是行走之礼：遵守交规、礼让三先、扶老助弱、主动让座；

六是观赏之礼：遵守秩序、爱护环境、专心欣赏、礼貌喝彩；

七是游览之礼：善待景观、爱护文物、尊重民俗、恪守公德；

八是仪式之礼：按规行礼、心存敬畏、严肃庄重、尊重礼俗。

"四仪"

一是入学仪式：感受学习乐趣，接触校园生活，感知礼仪规范；

二是成长仪式：学会感恩，懂得分享，理解父母的养育之恩、师长的教诲之恩、朋友的帮助之恩；

三是青春仪式：学会交往沟通、控制情绪，包容他人，迈好青春第一步；

四是成人仪式：懂得成人之责，做守法公民，担社会责任，不断完善自我，立志成才报国。

儿童的礼仪主要体现在言、谈、举、止、衣、食、住、行、游、购之中，这些礼仪规范要从小培养、养成习惯。

二、博学笃行，启智明慧

在启蒙教育中，首先是培育儿童良好的德行，其次是对儿童智力的开发，这关系到孩子心智的成熟。心理学的研究表明：两三岁是学习口语的关键年龄，也是学习计数能力的关键年龄；两岁半至三岁半是学习如何"立规矩"的关键年龄；三至五岁是学习音乐的关键年龄；三至八岁是学习外语的关键年龄；四至五岁既是学习辨认图像的关键年龄，也是学习书面语言的关键年龄；五至六岁是学习词汇的关键年龄。启蒙教育要把握好孩子每个阶段的特点，因时施教，才可以达到事半功倍的效果。

（一）打好基本功

关于知识，《三字经》主要强调自然学科和人文学科。道德情操培育好了以后，就要进行知识的传授，即《三字经》所说的"知某数，识某文"。"数"代表现在的自然科学，"文"代表现在的人文学科，知识的传授古今中外不过就是自然科学和人文学科两大类。

在自然科学方面，包括：①数学，"一而十，十而百，百而千，千而万"；②天文，"三才者，天地人，三光者，日月星""曰春夏，曰秋冬，此四时，运不穷"；
③地理，"曰南北，曰西东，此四方，应乎中"；④物理，
"曰水火，木金土，此五行，本乎数"；⑤植物，"稻粱
菽，麦黍稷，此六谷，人所食"；⑥动物，"马牛羊，鸡
犬豕，此六畜，人所饲"。《三字经》在这里讲的都是
一些基本常识。在今天，我们主要的课程是数学、化
学、物理、地理。

在人文学科方面，《三字经》侧重于经、史教育。
《三字经》说：

凡训蒙，须讲究，详训诂，明句读。

为学者，必有初，小学终，至四书。

《论语》者，二十篇，群弟子，记善言。

《孟子》者，七篇止，讲道德，说仁义。

作《中庸》，子思笔，中不偏，庸不易。

作《大学》，乃曾子，自修齐，至平治。

《孝经》通，四书熟，如六经，始可读。

《诗》《书》《易》，《礼》《春秋》，号六经，当
讲求。

有《连山》，有《归藏》，有《周易》，三易详。

有典谟，有训诰，有誓命，《书》之奥。

我周公，作《周礼》，著六官，存治体。

大小戴，注《礼记》，述圣言，礼乐备。

曰《国风》，曰《雅》《颂》，号四诗，当讽咏。

《诗》既亡，《春秋》作，寓褒贬，别善恶。

三传者，有《公羊》，有《左氏》，有《穀梁》。

经既明，方读子，撮其要，记其事。

五子者，有荀扬，文中子，及老庄。

经子通，读诸史，考世系，知终始。

对启蒙阶段的孩童来说，一定要打好基本功。正如现在的学校教育，一上来先教小孩拼音、认字，教他们基本词汇的意义，由读字再延伸至读句，再由读句去探求文字背后的意义，使孩童习得阅读、自学、表达、写作的能力。古人也是这样，先教会孩子字词意思，培养其文义理解能力，这两项基本功，就叫"训诂"和"句读"。所谓训诂就是用当时的话解释古文的意义。我们知道，古代汉语有个特点，就是"言文不一"，也就是书面语和口语差别很大。我们古人有两套语言，一种是书面的雅言，这套雅言体系保证了古往今来、天南海北的人可以用同一种话语形式去写文章，跨越了时间和地域的界限。还有一种就是口语，各个时代有各个时代的口语，你若真的"穿越"回古代，你是听不懂古人的话的。各个地方也有各个地方的方言。各个地方、各个时代的口语听起来虽然不同，但是如果读书人写成文章，便统一用"文言文"来写。所以，我们看文言文有不少好处，它保证了我们文化的传承，像欧洲人再想看懂他们古代的文字（比如拉丁文），一般人是不行的。而所谓训诂，就是把古代的书面语用当代的口语解释通顺，便于当代人理解。"训"就是疏通，汉字中右边有"川"字的，都和"流通、疏通"这个意思有关（像"顺"），因为这个字本义就是河流。"诂"左言右古，就是古代的语言，因此"训诂"连起来就是解释古代语言。再看"句读"，所谓句读就是标点断句。古书竖排，没有标点，所以需要先学会断句。所谓"句"，是指比较大的停顿单位，"读"是比较小的停顿单位。在字句通顺的情况下，明白在哪里停顿了，书的意思也就大致弄懂了。

接下来，《三字经》说："为学者，必有初，小学终，至四书。"古人的"小学"包含两个意思，一个是

"初级学校"的意思，还有一个意思就是指专门的关于语音、文字、训诂的学问，有点像今天的语言学。后一个意思是从前一个意思中分化出来的，因为在古人的初级学校里，学习语文的基础知识是很重要的一个方面。东汉崔寔《四民月令》上记载：正月"农事未起，命成童以上入太学，学五经，砚冰释，命幼童入小学，学篇章"。可见，在读"五经"之前是需要在小学中把基本的字句、篇章问题搞明白的，所以，训诂、句读也是属于小学学习中必不可少的内容。

（二）读经典

"经典"是民族文化的结晶。人类文明的成果，就是通过阅读经典而代代相传的。为什么要读经典呢？首先，经典具有真理性，可以启迪后人，传承文化；其次，经典穿越时空，经久不衰，经典存在了几千年，一直充满活力，每个时代的人都能产生共鸣；再次，经典是一个人寻求完善，独立自我品格的最佳途径。经典还是中华传统文化的精髓。唐代魏徵认为，经籍是圣贤智慧的结晶，可以用来领悟宇宙的奥妙，探究天地阴阳的消息，端正世间的纲纪，弘扬人类的道德。一句话，经典可以使人拥有自由的头脑、丰富的心灵、善良高贵的灵魂。

那么，要读什么样的经典呢？《三字经》列出了一个书目。当结束小学阶段的学习之后，再进一步就该阅读经典了。今天我们知道"四书"是中国传统经书和哲学，比较深澳，其实，在古代均是日常人伦及人事应对的基础知识。《三字经》说："小学终，至四书。"所谓"四书"，是指《论语》《孟子》《大学》《中庸》，这是儒家最经典的四部经书。著名理学家朱熹认为"先读《大学》，以定其规模；次读《论语》，以定其根本；次读《孟子》，以观其发越；次读《中庸》，以求古人之微妙处"。因此原本朱熹编定的"四书"次序是《大学》《论语》《孟子》《中庸》，是按照由浅入深进修的顺序排列的。可是后人因为《大学》《中庸》的篇幅较短，为了刻写出版的方便，而把《中庸》提到《论语》之前，成了现在通行的《大学》《中庸》《论语》《孟子》顺序。其实，从内容上来看，的确应该把《大学》放在首位。这不仅是因为它篇幅短，字句简易明了，更是由于它从一开始就为读书人规定了一个目标："大学之道，在明明德，在亲民，在止于至善。"有了这样的目标，读书才会有一个比较大的格局，所以朱熹说：“先读《大学》，以定其规模。”然后是《论语》，这是孔子弟子及其再传弟子——这里的"弟子"很可能就是曾子和有子——编纂的孔门言行录。这部书是儒家作为一个学派的最基本的著作。所以朱熹认为 "次读《论语》，以定其根本"。再接着是《孟子》，《孟子》的精华部分在于其中所体现孟子人格的伟岸，读罢一股浩然之气充斥于胸，能够给人向上的力量——"富贵不能淫，贫贱不能移，威武不能屈""说大人，则藐之，勿视其巍巍然""自反而缩，虽千万人吾往矣"……这样的句子比比皆是，所以朱熹说，读《孟子》应该"观其发越"。再往下，朱熹主张最后读《中庸》，这是非常有道理的。《中庸》是儒家典籍中理论层次最高的著作，其标榜的"不偏不倚"原则，是儒家认定的一种最高级的智慧，很少有人能真正达到。与"四书"一并研读的还有一部经典叫作《孝经》。

"四书"与《孝经》熟读以后，接着就应该要读"六经"了。所谓"六经"，本来是指经孔子编订过的儒家六部经书。《庄子·天运》说："孔子谓老聃曰：'丘治《诗》《书》《礼》《乐》《易》《春秋》。'"指的是《诗经》《尚书》《礼经》《乐经》《易经》

《春秋》。这六部书可以说是古代各类传统学问的源头——《诗经》收录从西周初年到春秋中叶的诗歌，是第一部诗歌总集，是文学的源头；《尚书》是第一部历史文献总集，是政书的源头；《礼记》是第一部礼乐文化的总汇，包括社会、政治、伦理、哲学、宗教等各个方面的思想；《乐经》是乐学的源头；《易经》是群经之首，是研究天道的学问，是术数学的源头；《春秋》是第一部编年史，是史学的源头。因此这六经在中国文化史上有着无可替代的地位。可惜，其中《乐经》到后来失传了，所以后来就以"五经"和"四书"并举而言了。

不过《三字经》说"号六经"，其中并没有《乐经》，这是为什么呢？原来，这部《礼经》在汉代是指《仪礼》，到了宋以后儒者更称赏《礼记》，而把《礼记》作为"五经"中的《礼》了。清代的经学大师皮锡瑞在《经学通论·三礼》说："汉所谓《礼》，即今十七篇之《仪礼》，而汉不名《仪礼》，专主经言，则曰《礼经》，合'记'而言，则曰《礼记》。许慎、卢植所称《礼记》，皆即"仪礼"与篇中之'记'，非今四十九篇之《礼记》也。其后《礼记》之名为四十九篇之记所夺，乃以十七篇之《礼经》别称《仪礼》。"因此，《三字经》中"号六经"的说法实际上是将《礼》作为《仪礼》和《礼记》两部书的代称来算的。除了这两部以外，关于"礼"的经典著作儒家还有一部《周礼》，传说是周公所作，记载了周公时代的官制和礼乐制度，其中许多说法一直被封建社会所沿用下来，是我们了解古代政治制度的必读书目。

　　另外《三字经》提到了《易》有三种，即《连山易》《归藏易》和《周易》。今天我们只知道一部《周易》，但实际上当时的《易》有这样三个系统，可惜《连山易》和《归藏易》也像《乐经》一样早就失传了。我们无法得知两部书的内容，只能作为一个知识把两部书名记住。《周易》是一部论"变"的奇书，用朴素的符号演绎玄妙的哲理，有着完整严密的思想体系，值得我们好好研究一番。

　　"六经"中有一部《春秋》，传说是经过孔子修订的，语言比较简单，体现了"微言大义"的特点。后人为之作注释的主要有三家。一曰《公羊传》，相传作者是子夏的弟子、战国时的齐人公羊高。这部书的特点是对《春秋》的"微言大义"阐释得比较到位，是以问答的方式作为体例的。一曰《穀梁传》，传说孔子的弟子子夏将这部书的内容口头传给穀梁赤（亦名穀梁俶，字元始），穀梁俶将它写成书记录下来，实际上这部书的口头传说早已有了，但其成书时间是在西汉。这本书的一个特点是它对《春秋》中涉及礼乐教化的内容十分强调，力主仁德之治。最后一部叫《左氏传》，相传是春秋末年鲁国史官左丘明根据鲁国国史《春秋》编成的，它以《春秋》记事为纲叙事，其中有说明《春秋》书旨的，有用史实补充《春秋》经文的，也有订正《春秋》记事错误的，它是内容翔实的真正意义的史书。

　　关于以上这几部经书，大家如果想深入了解，可以去阅读后人的注疏以及名家的导读。注疏方面自然是《十三经注疏》最为经典，近人应当选择如杨树达、杨伯峻、钱穆、程俊英、黄寿祺、周振甫、屈万里、高亨、陈鼓应这些受过传统语言文字训练的大学者的解读，而不要去盲从什么"戏说""心得"。前者是训诂本领过硬的、受过文言训练的、能通解古书的真正学者，后者是适应大众化需要的、为讲群众"喜闻乐见"的内容而不惜曲解古书原意的文化商人。二者对于古书的态度和出发点也不一样：前者是刻苦研学、留下为后人称赏的著作的耕耘者，后者则是哗众取宠的文化贩子，高下立见。倘若连《三字经》都强调"详训诂，明句读"，那么训诂本领不过硬，连基本的字句都没搞明白的浮躁的人，又怎么指望他能读得懂古人博大的精神内涵？这一点上，大家应当有一个基本的辨别力。

在读完"十三经"以后，《三字经》还鼓励博览其他思想家的著作。这当中仍然是以儒家的著作为主，比如"荀"是指荀子，他是战国时期儒家思想的集大成者。从某种意义上来说，他的思想比孟子还要正统。"扬"是指西汉扬雄，扬雄是儒家在西汉的代表人物，他的思想与孔门一脉相承，其著作也模仿儒家经典著作的体例来写，比如《太玄》模仿《周易》，《法言》模仿《论语》。"文中子"是指隋朝的大儒王通，他的修身与教学皆以"王佐之道"为己任，希望在魏晋动乱和儒学衰败之后能重振孔学，为儒学在隋唐之际的恢复与发展做充分的思想和舆论准备。其去世后，众弟子将其奉为"至人"，甚至被称作"王孔子"。以上这三子是儒家的代表人物。

接下来"老"是指老子，"庄"是指庄子，两位是道家学说的代表人物。自古以来，道家便与儒家相辅相成。儒家讲入世，道家讲出世，但两者并行不悖，因此练就了中国人"穷则独善其身，达则兼济天下"的品格，无论是在庙堂还是在江湖，都能实现自己的人生价值，这是中国传统文化中一对伟大的矛盾。

以上，将《三字经》提到的经典作了介绍，希望可以帮助读者读通、读透。对于今人来说，有能力把一部《尚书》或者《易经》理解得十分透彻，也很不简单。祖先留给我们这么多优秀的经典著作，值得我们认真对待，用一种崇高的敬意去阅读和体会。

当然，"经典"也不仅仅是《三字经》讲到的这些，唐诗宋词以及《资治通鉴》《孙子兵法》《颜氏家训》《山海经》等经典也值得一读。

（三）知历史

《三字经》讲完读经之后，强调要读史。习近平总书记在2013年3月7日中央党校建校80周年庆祝大会上讲："学史可以看成败、鉴得失、知兴替；学诗可以情飞扬、志高昂、人灵秀；学伦理可以知廉耻、懂荣辱、辨是非。"

《三字经》之所以被称作"袖里通鉴纲目"，是因为其对中国历史的兴衰更替作了大致的梳理。之所以是"纲目"，因为它是用简短的文字列举了中国历史上最有代表性的大事件，所以说"熟读《三字经》，可知千古事"：

经子通，读诸史，考世系，知终始。

自羲农，至黄帝，号三皇，居上世。

唐有虞，号二帝，相揖逊，称盛世。

夏有禹，商有汤，周文武，称三王。

夏传子，家天下，四百载，迁夏社。

汤伐夏，国号商，六百载，至纣亡。

周武王，始诛纣，八百载，最长久。

周辙东，王纲坠，逞干戈，尚游说。

始春秋，终战国，五霸强，七雄出。

嬴秦氏，始兼并，传二世，楚汉争。

高祖兴，汉业建，至孝平，王莽篡。

光武兴，为东汉，四百年，终于献。

魏蜀吴，争汉鼎，号三国，迄两晋。

宋齐继，梁陈承，为南朝，都金陵。

北元魏，分东西，宇文周，与高齐。

迨至隋，一土宇，不再传，失统绪。

唐高祖，起义师，除隋乱，创国基。

二十传，三百载，梁灭之，国乃改。

梁唐晋，及汉周，称五代，皆有由。

炎宋兴，受周禅，十八传，南北混。

辽与金，帝号纷，迨灭辽，宋犹存。

至元兴，金绪歇，有宋世，一同灭。

并中国，兼戎狄，九十年，国祚废。

明太祖，久亲师，传建文，方四祀。

迁北京，永乐嗣，迨崇祯，煤山逝。

清太祖，膺景命，靖四方，克大定。

至世祖，乃大同，十二世，清祚终。

读史者，考实录，通古今，若亲目。

　　现在的小学已经没有历史课了，只是把历史知识穿插到语文等科目中。在启蒙教育上，显然稍逊于古人。古人把学习历史看得很重，清末启蒙思想家龚自珍有一句名言："欲知大道，必先为史。"对于古代的读书人来说，熟习历史是一项基本功。这个传统来自"六经"，"六经"中的《春秋》就是史学的渊薮。我们看到几部影响比较大的蒙学著作，像《三字经》《千字文》《龙文鞭影》都用许多篇幅说历史，目的就是让小孩子在一开始就能了解古今演变，增长知识。

　　中国历史发展至今，传承了无数的经验和教训。之所以能发展到今天，说明我们的祖先善于总结规律并且追求进步，即便是在最困难的时期也是如此。我们在学习古人对这些经验的总结时，一定要博观约取，既不能偏听偏信某一家，也不能过于主观，自以为是。传统上来说，读书人要学习古代历史，最好的史料就是"二十四史"，尤其是"前四史"（《史记》《汉书》《后汉书》《三国志》）更是其中的精华。再者，史书中比较重要的还有一部《资治通鉴》，是北宋司马光所主编的一本长篇编年体史书，内容以政治、军事的史实为主，可以帮助我们了解古代君臣治乱、成败、安危的事迹，《三字经》被称为"袖里通鉴纲目"，实际上就是将《资治通鉴》朝代顺序简单扼要地概括了一下。对于一些现代读者来说，直接阅读古文比较吃力，那么可以选取近现代的历史大家所写的通史来进行初步的了解。比如陈垣、吕思勉、顾颉刚、张荫麟、钱穆、翦伯赞等，这些先生都有用白话文撰写的通史或者断代史，虽比较通俗，但也比较严谨，至少没有史实的错误。

《三字经》虽然将中国历史概括得比较简单，但事实上历史有我们想象不到的复杂，其中蕴含着更加深刻的道理。我们只有更多地去了解，才能更进一步体会到历史的耐人寻味。在这个过程中，我们不知不觉就获得知识与经验。

三、诗书礼乐，以美化人

诗书礼乐，对每个人生命成长具有重要的意义与作用，人之天性，非诗歌而不能唤醒；人之德行，非礼仪而不能养成；人之灵性，非音乐而不能育成。故无论是学前阶段教育，还是义务阶段教育，都必须高度重视诗歌、礼乐教育，从而实现"发其灵性，启其心志，修其德行，养其人格"的目标。

《三字经》以三字歌谣的形式，去启德、明理、养性，朗朗上口，节奏明快，便于记忆，本身就是成功的美育。儿童心理成长教育研究表明，幼儿的听觉和视觉发育较早，而押韵的诗歌，不仅可以增强儿童的口语表达能力，便于学习常识，还可以借口诵心记，潜移默化，陶冶品德。《三字经》的这种美育集中体现为诗教，因此《三字经》说："曰《国风》，曰《雅》《颂》，号四诗，当讽咏。"

《诗经》是我国第一部诗歌总集，经孔子整理后收录了西周初年至春秋中叶五百年间的311首诗歌。《诗经》按作品的体例和形态不同，分为"风雅颂"三诗和"赋比兴"三体。

诗歌最重要的特点即形象性和情感性：用生动的

形象和充沛的情感来感染人、打动人，所以人们在读诗的时候是不知不觉就被陶冶净化，这种潜移默化的力量远远超过枯燥单调的说理。正是这个原因，使得孔子特别强调学诗，用诗来教化人心，《诗经》是孔子教学中最重要的教材。孔子择诗的标准就是"思无邪"，无邪就是正，正就是和：发乎情，止乎礼，温柔敦厚。温柔敦厚既是《诗经》的精神，也是《诗经》最高的美学追求。这种美学追求的具体体现即"乐而不淫，怨而不怒，哀而不伤"的含蓄之美，言情而得情之正。人们长期读诗，不但得到审美愉悦，而且被温柔敦厚含蓄的精神慢慢浸润从而养成自己的人格，这便是诗歌教育的伟大作用。而且学诗可以提高人的语言表达能力，故孔子说："不学诗，无以言。"另外孔子还专门谈道："诗可以兴，可以观，可以群，可以怨，迩之事父，远之事君，多识于鸟兽草木之名。"也就是说学诗能引起人美好的情感，可以借此认识社会、交流感情、抒发忧愁。往小里说，可以学到孝顺父母之道；往大里说，可以学到事君治国之道；此外还可以学到许多鸟兽草木的名称，增广见识。这便是孔子对诗教作用最集中全面的总结概括。

孔子认为，学识修养的基本功是要先读诗。读诗并不是要成为诗人，诗的教育，包括了文学、艺术、哲学、宗教等文化内涵，能使人温柔敦厚，情感升华。中国上古文化思想，直到孔子删诗书、定礼乐时代的《诗经》，可以说是那个时代的百科知识大全。孔子培养的政治人才，首先是学识渊博的通才，不是只会一样的专才。

《论语》中记载，孔子有一天问儿子孔鲤，有没有研究"诗"的学问？孔鲤回答说：还没有。孔子就告诫："不学诗，无以言。"不学诗，知识不渊博，就无法作出好的文章。后世据此，才有"学了《诗经》会说话，学了《易经》会算卦"一语。

诗教是审美启蒙的主要途径。"中国是诗的国度"，中国古典诗词的审美内涵就包括对自我以及对自由的追求。中国美学"意象说"所推崇的意象美，就是指言外之意、词外之情。唐代诗人张九龄《感遇》"草木有本心，何求美人折"，是表达诗人独立不倚之"本心"；苏轼《临江仙》"长恨此身非我有，何时忘却营营。夜阑风静縠纹平，小舟从此逝，江海寄余生"是悔恨宦海营营之束缚，向往独立自由之境界；陶渊明《归去来兮辞》"既自以心为形役，奚惆怅而独悲"，以归隐田园以享"心远"之快乐，诗教高扬的是人文精神旗帜，彰显的是人生的价值。

当下有些学校开展"诗韵学校"的建设，这是审美启蒙的一种尝试。诗教应从朗诵开始。歌德之所以能成为德国伟大的文学家，与其在诗歌声中成长有很大的关系。在童年时代，歌德的父母亲经常为歌德朗诵歌谣。这些歌谣既好念，又好记，每次外出歌德都能背上一二首，长此以往，就背诵了几百首诗。俗话说："熟读唐诗三百首，不会作诗也会吟。"朗读是诗教的基本功，假如一个人每天都能朗读一首诗，坚持下去的效果是非常可观的。在读的基础上还要写，写是最好的学习。从广东省近十年举办的"小学生诗歌节"中，可以看到小学生丰富的想象力和很强的语言表达能力。能读能写之后就是能唱。"唱"即咏唱，咏唱时能将诗乐结合在一起，是更好的审美体验。

审美启蒙主要途径是艺术教育。今天，儿童的审美教育仍然是一个新的课题，要以培养人的审美品格、审美能力、审美情趣，提升人的生存意趣、生命质量和人生境界为宗旨，在社会生活和实践中感悟美、发展美、鉴赏美、创造美，使之成为德、智、体、美、劳全面发展的人。

第四讲　启蒙教育的基本原则和策略

一、《三字经》阐述了启蒙教育原则

《三字经》没有专门讲启蒙教育的原则，但其内容充分体现了启蒙教育的科学原则，因为其尊重了儿童心智发育的规律。

《礼记·学记》讲了四种教育方法，对我们是有启发的：

> 大学之法，禁于未发之谓豫，当其可之谓时，不陵节而施之谓孙，相观而善之谓摩。此四者，教之所由兴也。

这段话的意思是：邪恶的念头未发生之前，就应通过教育加以禁止，叫作预防，这有如中医讲的"治未病"，预防教育投入小，效果是最好的，这正如打"预防针"，先增强机体的免疫力。《三字经》中讲的道德要求，都是基本的要求，只有在孩子的心田中播撒这样的种子，才能防止心灵杂草丛生，心灵才不会荒芜。当学生可以接受教育的时候，及时加以引导，叫作时宜。孩子在成长过程中，会碰到不同的生理和心理问题，其接受知识的能力也是递进式的，为此，要因时而教。不超越学生的学习阶段而讲授，叫作循序。《三字经》中要求学习的内容都是循序渐进、由浅入深的，比如学经典，要先易后难，讲究顺序。组织学生互相观看学习方法、交流，从而吸取别人的优点，叫作观摩。这四项，就是促进教育兴盛的缘由。《礼记·学记》虽然讲的是大学教育，同样也适用于启蒙教育。

《礼记·学记》还提醒我们要注意学习的四种过失：

> 学者有四失，教者必知之。人之学也，或失则多，或失则寡，或失则易，或失则止。此四者，心之莫同也。知其心，然后能救其失也。教也者，长善而救其失者也。

这段话意思是说：学习的人可能有四种过失，教学的人必须知道。人们在学习当中，有的人过失在于多，贪多嚼不烂；有的人过失在于少，学习内容狭窄，不知开阔眼界；有的人过失在于易，轻易对付学业，不想深入研讨；有的人过失在于止，满足现状而不求进取。这四种人心理状态各不相同。了解他们的心态，然后才能挽救他们的过失。所谓教育，就是发扬学生的优点而匡正学生的过失。《三字经》在启蒙教育中，总体上遵循了《礼记·学记》中阐述的适量、适度原则，还是比较科学的。

二、《三字经》阐述了启蒙教育策略

《三字经》的启蒙教育策略坚持以"儿童生活为中心"，遵循儿童的认知规律和接受能力，采取了情感教育、体验教育、互动教育，既以儿童身边接触的物件为教材，也选取幼儿的情感和感觉为教材，教导儿童善用"五官"和"五觉"去感受生活，获取知识，这些都是很好的教育策略和方法。但是，《三字经》的教育方法最成功、最突出的还是讲故事的教育方法。对儿童来说，讲故事是最合适的教育形式。

美国著名的经济学家、诺贝尔奖获得者乔治·阿克洛夫，在《动物精神》一书中讲，人们对重要事情的记忆要点是根据故事来排列的，人类思维方式也是以故事为前提的。因此，培养讲故事的能力可以增强沟通能力，还可以挖掘出感动力、影响力，进而决定一个人的社会影响力。几百万年以前，人类传承文化的方式就是讲故事，只有德高望重的长者才能够把大家聚集起来，通过讲故事的方式延续种族文化。古希腊著名哲学家亚里士多德曾经说过："我们无法通过智力去影响别人，而情感却能做到这一点。"人可以被理性说服，但容易被感性打动。人类在需要说服和影响别人的时候，只有逻辑是不够的，这就需要一种工具、一种桥梁，使得彼此双方能够相通，甚至产生共鸣，这种工具就是讲故事。以色列历史学家尤瓦尔·赫拉利写的《人类简史》风靡一时，书中指出："正是因为人类有讲故事的能力，才使得人类超越靠血缘建立的松散小团体，构筑起人数庞大的稳定组织，进而进化为民族、宗教、国家，产生超越其他一切生物的强大力量，成为万物之灵、世界霸主。"由此可见，从原始人到现代人，无论什么时代、什么职业，要对别人产生影响，就必须掌握讲故事的能力。讲故事会成为21世纪乃至未来，应具备的基本技能之一。习近平总书记说，道理不如故事，天边不如身边。鲜活的故事往往包含深刻的道理，最能教育人、成就人。

儿童心理教育研究表明，讲故事是培养亲子关系、扩展儿童思维空间、培养儿童记忆能力、提高儿童聆听及学习字词能力的重要途径。假如在老师的指导下，儿童进行角色扮演和表演，还可以培养儿童的演说能力、语言表达能力。《三字经》通篇所讲的道理，都是用故事去表达的。讲孝道，有"黄香温席"；讲家教，有"孟母三迁""五子登科"；讲孝悌，有"孔融让梨"；讲勤学，有"负薪挂角""孙敬悬发""苏秦刺股""囊萤映雪"。这些故事都给人们留下了深刻的印象，催人向上，励志向前。而在这些故事中，有很多"勤奋好学"的故事。以下列举几个《三字经》里的故事：

见贤思齐

昔仲尼，师项橐，古圣贤，尚勤学。

孔子周游列国时，有一天来到一个地方，见有个孩子用泥土围了一座城，坐在里面玩耍。孔子问这个娃娃："你看见马车过来为什么不躲开呀？"小孩答道："自古到今，只有车子躲开城，哪有城躲车子的道理？"孔子觉得这孩子聪明伶俐，便走下马车，问道："你叫什么名字啊？""我叫项橐。"小孩答道。"你的嘴很厉害，那我考考你，什么山上没有石头？什么水里没有鱼儿？什么车没有轮子？"项橐略加思考，张口答道："您老人家听着——土山上没有石头；井水中没有鱼儿；用人抬的轿子没有轮子……"孔子一连提了十几个问题，都难不住孩子。项橐于是说："现在轮到我来考您了——鹅和鸭为什么能浮在水面上？鸿雁和仙鹤为什么善于鸣叫？"孔子答道："鹅和鸭能浮在水面上，是因为脚是方的；鸿雁和仙鹤善于鸣叫，是因为它们的脖子长。"项橐反诘道："不对！鱼鳖能浮在水面上，难道也是因为它们的脚是方的吗？青蛙善于鸣叫，也因为它们的脖子长吗？"孔子佩服这孩子反应敏捷，连自己也辩不过他，只好拱手连声说："真是后生可畏！"

这段故事出自《战国策》，真伪有待商榷。至于《三字经》说："昔仲尼，师项橐"那更是夸张了。但至少可以说明，连以博学著称的孔子都有智慧不及的地方，我们这些普通人又怎么好意思自高自大呢？

悬梁刺股

头悬梁，锥刺股，彼不教，自勤苦。

"头悬梁"者为东汉孙敬，"锥刺股"者为战国苏秦。孙敬年少好学，博闻强记，嗜书如命，晚上看书学习常常通宵达旦。后来时间长了，不免打起瞌睡来。当一觉醒来，又懊悔不已。于是他找来一根绳子，绳子的一头拴在房梁上，下边这头就跟自己的头发拴在一起。这样，每当他累了困了想打瞌睡时，只要头一低，绳子就会猛地拽一下他的头发，一疼就会惊醒而赶走睡意。从这以后，他每天晚上都用这种办法，发奋苦读。最后终于成为一名通晓古今的大学问家。苏秦在年轻时，志向很高，企图说服秦王任用自己，但是一再失败，最后财尽人疲，不得不回家乡。回家后，家人对他很冷淡，瞧不起他。这对他的刺激很大，他决心发奋读书。苏秦读书时常常用功到深夜，他准备了一把锥子，一打瞌睡，就用锥子往大腿上刺一下。这样，突然的疼痛使自己醒来，再坚持读书。最后他以舌辩纵横之才，成就了一番功名。

囊萤映雪

如囊萤，如映雪，家虽贫，学不辍。

这是晋朝的车胤和孙康的故事。车胤年幼时勤奋攻读，博览群书，孜孜不倦。车胤苦于家贫缺灯油，到了夏天，便捕捉几十只萤火虫，放进纱袋里，用萤光照明，夜以继日地苦读。最终他成为一代名臣，《晋书》

称赞他说"车殷忠壮"。同朝代的孙康幼时也酷爱学习，常常感到时不我待。他夜以继日地读书，但跟车胤一样，家贫而没有油灯。于是到了冬天，他就借着月光照在雪地时的光亮，忍着严寒刻苦攻读。由于他砥砺求进，最后终于成为一代大儒，官至御史大夫。

《三字经》讲的这些故事，就是想告诉我们：凡是勤奋上进的人，终会有好的收获；而贪玩怠惰，浪费光阴的人是一定会后悔的。

《三字经》以强调德行的培养开篇，最后归结到劝勉人们向学，体现了儒家"尊德性"与"道问学"并重的优良传统。一个人的修养固以优秀的品德作为地基，而最终添砖加瓦使人成为文质彬彬的君子的，正是学问的力量。所谓"黑发不知勤学早，白首方觉读书迟"，一定要抓住一生中记忆力最好的时候，勤恳向学，孜孜不倦，这样将来施展个人抱负，为社会贡献力量的时候，才有足以作为储备的资源。而作为成年人，要把读书作为终身的事业，作为一种生活方式，作为修身养性的途径。

作为一部蒙学读物，《三字经》要教给孩子起码的做人道理，教会孩子勤勉向学的优秀品质。家长能教会孩子这些东西，那比给他万贯家财要有意义得多。毕竟外在表面的财富是不确定的，是有可能会失去的，只有内在的东西才具有永恒的价值。《三字经》虽然浅显，但是它能告诉教育者及儿童这一番道理，也不失为一部有价值的蒙学读物。而对于成年人来说，《三字经》提供了一个反观自己的良好视角。也许你对于经典已经颇为熟稔，也许你刚刚接触经典，但无论如何，《三字经》中蕴含有永恒价值的思想，可以作为你思考问题的参考。

附　录　《三字经》原文及译文^①

【原文】

人之初，性本善，性相近，习相远。

【译文】

人刚出生的时候，本性是善良的。这种善良的本性大家都差不多，只是在成长过程中，由于个人后天的努力、环境和教育的不同，习性和习惯也就有了很大的差别。

【原文】

苟不教，性乃迁，教之道，贵以专。

【译文】

如果不给孩子良好的教育，那么他的秉性便容易受

---

①本书内文及附录所引《三字经》之原文，均参照《三字经·百家姓·千字文·弟子规》（李逸安译注，中华书局2009年版），有改动。

到不好的影响而有所改变。教育要讲方法，最宝贵的是
要一以贯之并且专心致志。

【原文】

昔孟母，择邻处，子不学，断机杼。

窦燕山，有义方，教五子，名俱扬。

【译文】

古时候，孟子的母亲为了让他有一个良好的学习环
境，搬了三次家；孟子逃学回家，母亲生气地将织布机
上的布剪断了，告诉他做任何事都不能半途而废。

窦燕山教导孩子的方法非常好，他培养了五个孩
子，个个都声名远扬。

【原文】

养不教，父之过，教不严，师之惰。

子不学，非所宜，幼不学，老何为？

【译文】

做父母的生了子女后，只知道去养活他们，而不知
道去教育他们，这是父母的过错。做教师的教育学生不够
严格，不能使学生有所成就，这是教师没有尽到责任。

做人子女的如果不肯好好学习，是非常不应该的。如果一个人小时候不肯学习，到老能干什么呢？

【原文】

玉不琢，不成器，人不学，不知义。

为人子，方少时，亲师友，习礼仪。

【译文】

玉石不加以雕琢，就不能成为有用的器物。同样的道理，人如果不勤奋求学，就不会懂得事理。

所以作为儿女，从小就要尊师敬友，严格学习礼仪。

【原文】

香九龄，能温席，孝于亲，所当执。

融四岁，能让梨，弟于长，宜先知。

【译文】

黄香九岁时，便知道在冬天先用身体温暖床上的枕席，再请父亲去睡觉。这种孝亲的行为，是我们应效仿力行的。

孔融四岁的时候，就知道把较大的梨子让给哥哥，自己挑较小的吃。这种敬爱兄长的德行，我们从小就应该学习。

【原文】

首孝悌，次见闻，知某数，识某文。

一而十，十而百，百而千，千而万。

【译文】

一个人懂得做人做事的道理，首先便是孝顺父母、敬爱兄长，其次是增广见闻，要掌握基本的算术知识，认读文字、文章。

万物的计算，都是从一开始，一到十是基本的数字，按照十进位算术方法，十个十是一百，十个一百是一千，十个一千是一万，累计下去，无可穷尽。

【原文】

三才者，天地人，三光者，日月星。

三纲者：君臣义，父子亲，夫妇顺。

【译文】

古人所谓"三才"，是指天、地和人，就是包含了雷、电、雨、雪、风、霜、云、雾等的天空，包含了山、河、草、木、鸟、虫、鱼、兽等的大地，以及作为万物之灵的人。古人所说的"三光"，是指日、月、星辰。日光、月光和星光照耀着大地，使万物得以生存。

人与人之间要维持良好的关系，有三个非常重要的纲领，那就是君臣之间要讲义理，父子之间要亲睦，夫妻之间则要和睦相处，这样国家才能祥和安康（对于封建传统意义中的"三纲"存在的糟粕，应予以抛弃）。

【原文】

曰春夏，曰秋冬，此四时，运不穷。

曰南北，曰西东，此四方，应乎中。

【译文】

说到春天和夏天，还有秋天和冬天，这是一年中的四个季节。这四个季节的次序一直不断地运转着，没有终止的时候。

至于南方和北方，以及西方和东方，这四个方向以中央为中心，有了中心，四方才有依据，才能相互对应。

【原文】

曰水火，木金土，此五行，本乎数。

曰仁义，礼智信，此五常，不容紊。

【译文】

古人认为，日常所见到的水、火、木、金、土，五行相生相克，一切本有规则。

古人倡导遵守的仁、义、礼、智、信这五种首要准则，称为"五常"，认为它对个人为人处世及社会和平具有重要作用，不容紊乱违背。

【原文】

稻粱菽，麦黍稷，此六谷，人所食。

马牛羊，鸡犬豕，此六畜，人所饲。

【译文】

水稻、小米、大豆、小麦、粘谷、高粱合称"六谷"，是人生存的食粮。

马、牛、羊、鸡、狗、猪，这六种牲畜，都是被人类饲养的。

【原文】

曰喜怒，曰哀惧，爱恶欲，七情具。

匏土革，木石金，丝与竹，乃八音。

【译文】

高兴、生气、忧伤、害怕、喜欢、厌恶、欲念，这七种感情是人人都具备的。

在我国古代，匏笙、陶埙、皮鼓、木柷、石磬、金钟、琴瑟、笛箫这些乐器统称为"八音"。

【原文】

高曾祖，父而身，身而子，子而孙，

自子孙，至玄曾，乃九族，人之伦。

【译文】

由高祖父生曾祖父，曾祖父生祖父，祖父生父亲，父亲生我，我生儿子，儿子再生孙子。由自己的子孙，再生曾孙、玄孙。这样从自己往上推四代，再往下推四代，一共九代人，称为九族。

【原文】

父子恩，夫妇从，兄则友，弟则恭，

长幼序，友与朋，君则敬，臣则忠，

此十义，人所同。

【译文】

父亲与儿子之间要注重相互的恩情，夫妻之间要和睦相处，哥哥对弟弟要友爱，弟弟对哥哥则要尊敬，长幼之间要注重尊卑的次序，朋友之间应该互相讲信用，君主要尊重他的臣子，臣子们则要对君主忠心耿耿。

在古代，前面提到的十义：父慈、子孝、夫和、妻顺、兄友、弟恭、朋信、友义、君敬、臣忠，这是人人都应遵守的。

【原文】

凡训蒙，须讲究，详训诂，明句读。

为学者，必有初，小学终，至四书。

【译文】

凡是教导刚入学儿童的教师，必须把字、词、句都讲清楚。细说字源词义，使学童明白句读。

读书求学的人，必须先夯实最初的基础，小学内容学好了，才开始研读四书。

【原文】

《论语》者，二十篇，群弟子，记善言。

《孟子》者，七篇止，讲道德，说仁义。

【译文】

《论语》这本书，共有二十篇，它是孔子的弟子，以及弟子的弟子，记载有关孔子及其弟子的一些言行和思想的一部书。

《孟子》这本书，一共有七篇，讲的是关于道德和仁义的内容。

【原文】

作《中庸》，子思笔，中不偏，庸不易。

作《大学》，乃曾子，自修齐，至平治。

【译文】

四书之一《中庸》，出自子思的手笔，讲的是不偏不倚、平和不变的道理。

创作《大学》这本书的是曾子，他提出了"修身、齐家、治国、平天下"的主张。

【原文】

《孝经》通，四书熟，如六经，始可读。

《诗》《书》《易》，《礼》《春秋》，号六经，当讲求。

【译文】

把《孝经》和"四书"读熟了，道理弄明白了，才可以去读《诗》《书》《礼》《乐》《易》《春秋》这样深奥的书。

《诗》《书》《礼》《易》《春秋》，再加上《乐》，号称儒家"六经"，应当讲习探求。

【原文】

有《连山》，有《归藏》，有《周易》，三易详。

有典谟，有训诰，有誓命，《书》之奥。

【译文】

《连山易》《归藏易》和《周易》这三部古书合称"三易"，是我国古代说明宇宙间万事万物循环变化的道理的书籍。典、谟、训、诰、誓、命，是《尚书》中的文体，所记录的文字深奥难懂。

【原文】

我周公，作《周礼》，著六官，存治体。

大小戴，注《礼记》，述圣言，礼乐备。

【译文】

有我圣贤的周公，为国家制作《周礼》，分列六类官制，留存下来让后人知晓国家政治体制。

戴德和戴圣整理并且注释《礼记》。他们叙述圣贤的言论，礼乐制度齐备。

【原文】

曰《国风》，曰《雅》《颂》，号四诗，当讽咏。

【译文】

《诗经》分为国风、大雅、小雅、颂四个部分，合称为"四诗"。《诗经》中的诗内容丰富、感情深切，是非常值得我们去击节吟诵的。

【原文】

《诗》既亡，《春秋》作，寓褒贬，别善恶。

三传者，有《公羊》，有《左氏》，有《穀梁》。

【译文】

《诗经》在流传的过程中丢失了不少，相传孔子编写了《春秋》。《春秋》文字简短，但善恶分明，蕴含褒贬。

公羊高著的《春秋公羊传》，左丘明著的《春秋左氏传》和穀梁赤著的《春秋穀梁传》，合称为"三传"，它们都是解释《春秋》的书。

【原文】

经既明，方读子，撮其要，记其事。

五子者，有荀扬，文中子，及老庄。

【译文】

经书读懂了，才可以读诸子百家的著作。读诸子百家的著作要会选择归纳要点，记住其中每件事的前因后果。

五子指的是荀子、扬子、文中子、老子和庄子。他们所写的书称为"子书"。

【原文】

经子通，读诸史，考世系，知终始。

自羲农，至黄帝，号三皇，居上世。

【译文】

经书和子书都读得融会贯通了，就可以读史书了。要用心考究朝代世系，了解兴衰始末。

远自伏羲氏、神农氏再到黄帝，后人尊称他们为"三皇"，处在远古时代。

【原文】

唐有虞，号二帝，相揖逊，称盛世。

夏有禹，商有汤，周文武，称三王。

【译文】

黄帝死后，有唐尧和虞舜两位部落联盟领袖，自古号称"二帝"。尧把帝位传给了德才兼备的舜，在两位帝王治理下，人民安居乐业，史称太平盛世。

夏朝有大禹，商朝有开国君主汤，周朝有文王和武王，夏商周这几个有德有才的开国之君，并称三代之王，简称"三王"。

【原文】

夏传子，家天下。四百载，迁夏社。

汤伐夏，国号商。六百载，至纣亡。

【译文】

夏禹把帝位传给自己的儿子，天下就成了他一个家族的了。经过四百多年，夏朝最终灭亡。

商汤起兵赶走了夏桀，建立国号为商。商朝经历了六百多年，到了残暴的纣王才灭亡。

【原文】

周武王，始诛纣，八百载，最长久。

周辙东，王纲坠，逞干戈，尚游说。

【译文】

周武王起兵讨伐商纣王，纣王兵败自杀，商朝灭亡，周朝建立。周朝前后延续了八百多年，是我国历史上存在时间最长的王朝。

自从周平王将周朝的都城迁到了东边的洛阳后，周朝的政局就开始走下坡路，对诸侯国的控制减弱了。诸侯开始炫耀武力，而谋士、政客推崇通过口才劝说各国诸侯采纳自己的计策主张。

【原文】

始春秋，终战国，五霸强，七雄出。

嬴秦氏，始兼并，传二世，楚汉争。

【译文】

东周分为两个阶段，前期称春秋时期，后期称战国时期。春秋时的齐桓公、宋襄公、晋文公、秦穆公和楚庄王号称五霸，战国的七雄分别为齐、楚、燕、韩、赵、魏、秦。

战国末年，秦王嬴政即位秦王，开始吞并其他六个国家，完成了全国统一。统一后，嬴政称自己为始皇帝。皇帝的称号就是从那时候开始的。只可惜皇位传给秦二世胡亥后，秦朝就被推翻了，西楚霸王项羽和汉王刘邦开始争夺天下。

【原文】

高祖兴，汉业建，至孝平，王莽篡。

光武兴，为东汉，四百年，终于献。

【译文】

汉高祖刘邦在徐州沛县起兵，击败项羽，建立了汉朝基业，定都长安，史称西汉。到孝平帝时，外戚王莽夺取了王位。

汉光武帝刘秀，推翻王莽政权，复兴汉室，定都洛阳，史称东汉。两汉共传了四百多年，到了汉献帝时，彻底灭亡了。

【原文】

魏蜀吴，争汉鼎，号三国，迄两晋。

宋齐继，梁陈承，为南朝，都金陵。

【译文】

曹操的魏国、刘备的蜀国、孙权的吴国，此三国争夺汉室皇权，这段时期被称为三国时代。后来司马炎代魏称帝，建立了晋朝。晋朝又分为西晋和东晋。

宋、齐、梁、陈四个朝代相继更替，这四朝统称"南朝"，全部建都金陵（今江苏省南京市）。

【原文】

北元魏，分东西，宇文周，与高齐。

迨至隋，一土宇，不再传，失统绪。

【译文】

北朝，最先兴起的是北魏，至魏孝武帝时分裂为东魏和西魏。不久，宇文觉灭掉西魏，建立北周；高洋灭掉东魏，建立北齐。

等到杨坚起兵建立隋朝，天下统一归隋，但传位到下一代隋炀帝时，隋朝就灭亡了。

【原文】

唐高祖，起义师，除隋乱，创国基。

二十传，三百载，梁灭之，国乃改。

【译文】

唐高祖李渊率领仁义之师，平定了隋朝留下来的混乱局面，定都长安，开创了唐朝基业。

唐朝一共传了二十位皇帝，国运将近三百年。到唐哀帝时，后梁朱温篡位灭唐，于是江山改变。

【原文】

梁唐晋，及汉周，称五代，皆有由。

【译文】

梁王朱温称帝，建立国家，史称"后梁"；接着由李存勖建立后唐；石敬瑭建立后晋；刘知远建立后汉；郭威建立后周。这五个朝代合称"五代"，它们的兴衰更替都有缘由。

【原文】

炎宋兴，受周禅，十八传，南北混。

辽与金，帝号纷，迨灭辽，宋犹存。

【译文】

公元960年，后周大将赵匡胤发动了陈桥兵变，黄袍加身，接受了后周恭帝的"禅让"诏书，建立了宋朝，一共传了十八代君主。宋朝分为北宋和南宋两个时期。

北方的契丹族和女真族先后建立了辽与金，皇帝称号纷乱。到金灭辽的时候，宋朝仍然存在。

【原文】

至元兴，金绪歇，有宋世，一同灭。

并中国，兼戎狄，九十年，国祚废。

【译文】

蒙古族首领成吉思汗，为了夺取中原，起兵灭了金国。后来他的孙子忽必烈建立元朝，灭了南宋。

元朝占领了中原地区，又兼并了西方和北方各少数民族，实现了中国统一。元朝只存在了九十多年就灭亡了。

【原文】

明太祖，久亲师，传建文，方四祀。

迁北京，永乐嗣，迨崇祯，煤山逝。

【译文】

明太祖朱元璋长时间地亲自率兵打下明朝江山。他传位给了孙子建文帝，但建文帝仅仅做了四年的皇帝，就被其叔朱棣夺去皇位。

朱棣继承帝位，年号永乐，他把国都从南京迁往北京。等到崇祯皇帝朱由检时，李自成带领农民起义军攻入北京，朱由检在煤山上吊自杀，明朝灭亡。

【原文】

清太祖，膺景命，靖四方，克大定。

至世祖，乃大同，十二世，清祚终。

【译文】

传说，清太祖承受上天的旨意，平定统一女真各部，完成开国重任。

到了清世祖顺治皇帝时，定都北京，统一中国，建立了所谓太平盛世。清朝传了十二代后就灭亡了。

【原文】

读史者，考实录，通古今，若亲目。

口而诵，心而惟，朝于斯，夕于斯。

【译文】

钻研史书的人，必须要查考真实的史料，了解古往今来的历史事件，就像自己亲眼所见一般。

读书时，口里要吟诵，心里也要思考。白天要这样做，晚上也要这样做，才能真正学好。

【原文】

昔仲尼，师项橐，古圣贤，尚勤学。

赵中令，读《鲁论》，彼既仕，学且勤。

【译文】

从前，圣人孔子求教于七岁的神童项橐，像孔老夫子这样的古代圣贤，还这样勤于学习。

宋朝的中书令赵普一生研读《论语》这本书。即使在他当了宰相之后，学习依旧十分勤奋。

【原文】

披蒲编，削竹简，彼无书，且知勉。

头悬梁，锥刺股，彼不教，自勤苦。

【译文】

西汉人路温舒，用蒲草编成本册，抄书学习。西汉人公孙弘把竹子削成薄片，向人借书抄在上面苦读。他们都没钱买书，但知道勤勉努力。

汉朝的孙敬读书时把自己的头发拴在屋梁上，以免打瞌睡；战国时的苏秦读书每到疲倦时，就用锥子刺大腿来警醒自己。他们不用别人督促，能自觉地勤奋苦读。

【原文】

如囊萤，如映雪，家虽贫，学不辍。

如负薪，如挂角，身虽劳，犹苦卓。

【译文】

像晋朝的车胤家贫买不起灯，就捉萤火虫装在纱袋里当照明读书；像晋朝的孙康贫苦，冬夜借着雪地的反光来读书。家境虽然贫寒，但他们从不停止学习。

像汉朝人朱买臣以砍柴维持生活，挑柴时将书挂在柴草担上边走边读；又如隋朝人李密给人家放牛，把书挂在牛角上，边放牛，边读书。他们尽管每日干活劳累，但仍然刻苦学习。

【原文】

苏老泉，二十七，始发愤，读书籍。

彼既老，犹悔迟，尔小生，宜早思。

【译文】

宋朝的文学家苏洵，号老泉，到了二十七岁时才开始发愤读书。

他老来虽有成就，却还是后悔学得太迟。你们年纪轻轻，应当早做考虑，珍惜大好时光，发奋读书自立。

【原文】

若梁灏，八十二，对大廷，魁多士。

彼既成，众称异，尔小生，宜立志。

【译文】

至于梁灏，他年轻时参加科举考试，总是名落孙山，但他从不放弃，终于在八十二岁时金榜题名。在朝廷上回答皇帝的提问，见解远远胜过其他人，最终高中状元。

梁灏那么大年纪，都能获得成功，天下人无不感到惊讶。你们这些小朋友，更应早立志，坚信"有志者，事竟成"。

【原文】

莹八岁，能咏诗，泌七岁，能赋棋。

彼颖悟，人称奇，尔幼学，当效之。

【译文】

北魏人祖莹八岁时就能吟章成诗，唐朝人李泌七岁时就能吟出棋赋。

祖莹和李泌如此聪明好学，人们既惊奇又称赞。你们这些正在读书求学的小朋友，应该以他们为学习的榜样啊！

【原文】

蔡文姬，能辨琴，谢道韫，能咏吟。

彼女子，且聪敏，尔男子，当自警。

【译文】

古代女子要想读书成才十分困难，但东汉的蔡文姬，从小便能分辨出琴声的好坏，晋朝的谢道韫小时候便能出口成诗。

她们身为女子都如此聪慧多才，你们作为男子汉，也应当以她们为榜样，激励警醒自己不要落后才好。

【原文】

唐刘晏，方七岁，举神童，作正字。

彼虽幼，身已仕，尔幼学，勉而致。

有为者，亦若是。

【译文】

唐朝有个叫刘晏的人，小时候就聪明好学，七岁时就能写诗文，成了大家公认的神童。唐玄宗听闻后，为了表示赞赏与鼓励，任命他担任正字官，负责为朝廷校勘书籍文字。刘晏虽然年纪幼小，却已经担当重任。你们从小就要认真学习，只要勤勉努力，也可以成功。那些有所作为的人，也是像这样做的。

【原文】

犬守夜，鸡司晨，苟不学，曷为人？

蚕吐丝，蜂酿蜜，人不学，不如物。

【译文】

狗夜间能为人们看守家户，保护主人一家安全。公鸡每天清早为人们报晓，提醒人们起床。人生在世如果整日游手好闲、不用心学习，那连鸡狗都不如，怎么有资格称得上是人呢？

春蚕吐丝供我们做衣料，蜜蜂酿蜜供人们食用。而人要是不勤奋学习，以自己的知识、技能来实现自己的价值，岂不是连这些小动物都不如了吗？

【原文】

幼而学，壮而行，上致君，下泽民。

扬名声，显父母，光于前，裕于后。

【译文】

一个人在年幼的时候，就要勤奋学习，长大后，应该力行实践所学到的知识，对上能辅佐长官（协助领导者）报效国家，对下能造福百姓。这样不但可以声名远扬，使父母觉得光荣、欣慰，更能光宗耀祖，对后代子孙也是一种启发，一种典范，一种真正的庇荫。

【原文】

人遗子，金满籯，我教子，惟一经。

勤有功，戏无益，戒之哉，宜勉力。

【译文】

别人留给后代的，可能都是满箱的财宝。我教给儿孙的，只有这一部《三字经》。知识和美好的品德才是人生最宝贵的财富。

勤奋努力学习一定会有收获，贪玩、懒惰就会浪费光阴，绝对没有好处。你们一定要以此为戒，应当不断勉励自己成为有用的人。